COMO SALVAR UM MUNDO DOENTE

Título original:
Como salvar um mundo doente

Revisão: Edições Almedina

Capa: Papertalk

Imagem de capa:
Planet earth with medical mask
© Abscent84 / Getty Images

Depósito Legal n.º

Biblioteca Nacional de Portugal – Catalogação na Publicação

FERREIRA, Eduardo Paz, 1953-

Como salvar um mundo doente. – (Extra-coleção)
ISBN 978-972-44-2487-3

CDU 821.134.3-4"19/20"

Paginação:
João Jegundo

Impressão e acabamento:

para
EDIÇÕES 70
julho de 2021

EDIÇÕES 70, uma chancela de Edições Almedina, S.A.
LEAP CENTER – Espaço Amoreiras
Rua D. João V, n.º 24, 1.03 - 1250-091 Lisboa – Portugal
e-mail: editoras@grupoalmedina.net

www.edicoes70.pt

COMO SALVAR UM MUNDO DOENTE

Eduardo Paz Ferreira

À Francisca: alma, coração e vida

ÍNDICE

PARTE III
COMO SE ESTÁ A REAGIR À PANDEMIA

PARTE III
PREPARAR O FUTURO

AGRADECIMENTOS

A vida em tempos de pandemia tem sido uma verdadeira passagem por uma estrada de pedras para aqueles que foram infectados e sofreram fisicamente ou morreram, para os que suportaram as doenças dos seus familiares e amigos, para os que conheceram o desemprego e a fome e, também, para aqueles a quem os sucessivos confinamentos e isolamentos sociais provocaram depressões ou outras formas de doença psiquiátrica.

Mas, este foi também um período em que o amor, a amizade e a solidariedade se afirmaram com especial vigor e deixaram a esperança de um futuro melhor. Este é um livro de amor, esperança, amizade e gratidão por me dar a sensação de estar a responder ao apelo do Papa Francisco para contribuir para melhorar o mundo doente em que vivemos.

Em vários tons e por modos variados tentei fazê-lo desde a adolescência. Muitos dos companheiros de luta já desapareceram, mas agradeço-lhes, do fundo do coração, o exemplo de coragem, civismo, solidariedade, luta pelos direitos humanos e combate contra a desigualdade que tanto me marcaram.

Este é um livro em que, mais uma vez, tive ao meu lado a Francisca, em nada responsável pelas minhas opiniões, mas a quem devo toda a energia e que me transmite o seu exemplo de amor, coragem, dedicação e resiliência.

Decisiva foi a doce presença de Antónia Van Dunem (a mãe Antónia) com o seu exemplo de coragem, abnegação e resistência ao longo de décadas de sofrimento.

É, também, um livro de prazer por me ter permitido tantas e tão ricas trocas de impressões e tantas provas de generosidade.

Começo pela alegria que foi o trabalho com o Francisco Leitão, o José Paz Ferreira e a Patrícia Bastos, jovens provenientes de várias áreas do saber e que estou seguro que encontrarão os caminhos de uma sociedade mais justa e na qual aplicarão toda a sua energia e conhecimento.

Sigo pela felicidade com que pude beneficiar da ajuda e conselho de personalidades extraordinárias que me honram com a sua amizade: João Cravinho, Constantino Sakellarides, José Tolentino Mendonça, Ricardo Paes Mamede, Clotilde Celorico Palma e Aranda da Silva e outros que têm estado sempre presentes ao longo dos meus livros como a Maria Emília Brederode Santos, a Maria Inácia Rezzola e o Ricardo Cabral. Obviamente nada disso os responsabiliza pelas posições assumidas. Falo só da gratidão, da amizade e da aprendizagem.

Não esqueço, ainda, a presença constante e fortalecedora de vários familiares e amigos, de entre os quais me permito recordar João Ernesto Van Dunem, Francisca Reis, Joana Fernandes, Teresa Paixão, José António Fonseca, Marcelo Feio, Faustino Ferreira, Margarida Alcobia, Luísa Cerdeira, Horácio Negrão, Glória Brito, Carlos Brito e Arlindo Martins.

Agradeço aos meus alunos de doutoramento e mestrado com quem tive o prazer de ir discutindo o trabalho e desejo aos alunos de licenciatura as maiores felicidades e que possam voltar rapidamente a uma vida e a uma universidade normal.

Muito agradeço ao Engenheiro Carlos Pinto por me acolher, de novo, num percurso de décadas. A minha gratidão vai, também, para a Dr.ª Ana Margarida Pinheiro e para o Dr. Ricardo Monteiro e para a sua competência, energia e ajuda constantes.

INTRODUÇÃO

A QUE VEM ESTE LIVRO?

Num discurso pleno de riqueza e emoção[1], o Papa Francisco alertou para o facto de que «desde o início, ficou patente que a pandemia teria um impacto notável sobre o estilo de vida a que estávamos habituados, subtraindo comodidades e certezas consolidadas. Colocou-nos em crise, mostrando-nos a fisionomia dum mundo doente não só por causa do vírus, mas também no meio ambiente, nos processos económicos e políticos, e mais ainda nos relacionamentos humanos.»

Com a habitual limpidez do seu olhar, o Papa chamou a atenção para o que é urgente e necessário fazer: salvar o Mundo **da injustiça, da indiferença e da iniquidade**. A busca de uma sociedade com melhores equilíbrios, que orientou a nossa vida e marcou as nossas esperanças tem de ser retomada. É preciso dizer não ao cinismo e à acomodação[2].

---

[1] Discurso do Papa Francisco aos membros do Corpo Diplomático Acreditado junto da Santa Sé, em 8 de Fevereiro de 2021. Vd. texto completo em http://www.vatican.va/content/francesco/pt/speeches/2021/february/documents/papa-francesco_20210208_corpo-diplomatico.html.

[2] Vd. o meu *Por uma Sociedade Decente*. Lisboa: Marcador, 2016.

O propósito deste livro é contribuir para ajudar a essa reflexão e fazer **o balanço** do que tem sido feito, **tanto em sentido positivo, como negativo**.

A erradicação total da pandemia parece uma condição prévia, porque, de outro modo, nunca a economia mundial e as relações humanas poderão ser saudáveis. Não são possíveis respostas individuais. O egoísmo não resolve os problemas dos outros nem os nossos.

Uma resposta económica decidida é fundamental. Neste momento, confrontam-se duas propostas globais com uma diferente ambição: o projecto Joe Biden para os Estados Unidos e o projecto da União Europeia para todos os Estados-membros com um patamar de expectativas e meios bem inferiores.

Que modelo serve melhor este nosso tempo e contexto é a questão fundamental.

Não será vantajoso olhar para algumas respostas no passado, para situações, apesar de tudo, não tão complexas? O *New Deal*, o Plano Marshall e a integração europeia, as instituições de Bretton Woods, as experiências de austeridade para responder às crises, o falhanço na redução das desigualdades entre os Estados-membros da União Europeia ou das metas do *PNUD* para o desenvolvimento...

E como olhar para as Nações Unidas e para as suas instituições e capacidade de intervenção?

Como fazer para que não se agrave ainda mais o fosso entre os muito ricos, os milionários de Davos e da Revista *Forbes* e os pobres, que se tornam cada vez mais pobres? E o que fazer para que **não sejam exclusivamente os interesses daqueles a determinar o rumo da política mundial?** Como reabilitar o respeito pelos direitos humanos? O que fazer para que os valores que se afirmam nas grandes Declarações Internacionais sejam respeitados? Como pôr cobro ao racismo e à xenofobia?

Em 1961, no seu discurso de posse como 35.º Presidente dos Estados Unidos da América, John Kennedy proferiu uma frase que marcou várias gerações: «Não pergunte o que o seu país pode fazer por si, pergunte antes o que pode fazer pelo seu país!»

Sessenta anos depois, com uma globalização imparável e com a interpenetração de Estados e povos daí resultantes, com o terrível conjunto de crises e guerras que, entretanto, alastraram, o que faz verdadeiramente sentido é interrogarmo-nos sobre o que podemos fazer pelo Mundo, na sua globalidade.

Não se pense que o tema foi totalmente alheio a Kennedy, em 1961. Muito pelo contrário, nas suas palavras perpassou também a necessidade de entreajuda entre os Estados e o pedido a outras nações que lutassem juntas contra o que ele chamou de «inimigos comuns do homem»: a tirania, doenças, pobreza e a guerra.

Há naturalmente muitos críticos da presidência de Kennedy, particularmente devido ao início da intervenção norte-americana no Vietname ou à tentativa de invasão de Cuba. Mas subsiste, por outro lado, a sua imagem de defensor intransigente dos direitos civis e das minorias raciais, a criação do *Peace Corps* e a sua agenda económica interna progressista, *The New Frontier* («A Nova Fronteira»), que se comprometeu com um maior financiamento federal para a educação, com cuidados com a saúde para os idosos e com a intervenção governamental para travar a recessão económica.

O seu célebre discurso em frente ao Muro de Berlim – «*Ich bin ein Berliner*» não foi consensual, em tempo de guerra fria, mas deixou dele a imagem marcante do homem determinado em fazer valer a democracia. O mesmo homem que levou um astronauta a pisar a lua, numa demonstração de ousadia política, abertura à ciência e visão de futuro.

Uma das notas da presidência Kennedy foi a grande habilidade a utilizar os meios de comunicação ao serviço do seu programa — recordando os *chats by the fire* de Theodore Roosevelt, quando ainda não existia a «caixa que mudou o mundo».

Apesar dos erros de percurso que lhe são apontados, a popularidade de John Kennedy, pela determinação da sua acção e pela percepção de que se tratava de um homem empenhado na construção de um mundo socialmente mais justo mantém-se, ainda hoje, em níveis altíssimos.

Se é certo que nestes últimos sessenta anos o Muro de Berlim caiu, que se assistiu a uma redução da desigualdade entre Estados, às independências das colónias, ao fim do *apartheid* e ao estabelecimento de várias formas de cooperação e tratados entre nações que abriram caminhos de progresso, não se pode ignorar o quanto de negativo sucedeu.

De algum modo, os assassinatos de John Kennedy e, posteriormente, de Martin Luther King, de Robert Kennedy e de Olof Palme, vieram mostrar que a violência que até aí existia já, sob múltiplas formas, com relevo para o tratamento da polícia dos Estados Unidos sobre as minorias raciais, movimentos como o Ku Klux Klan, ou a actuação à margem da lei das agências de segurança como a CIA e o KGB, se iria generalizar e conhecer níveis nunca antes esperados.

O 11 de Setembro marca o apogeu dessa escalada de violência. E se as imagens de terror que lhe estão associadas, assim como as de tantos outros ataques terroristas são de pavor e vieram trazer ao de cima a necessidade de enfrentar determinadamente os que espalham o ódio e o medo, a verdade é que as respostas estaduais a esses fenómenos nem sempre estiveram de acordo com as regras que devem reger a acção dos Estados. O *direito penal do inimigo* conheceu, então, uma importante manifestação.

A prisão de Guantánamo, com a sua demonstração de total desrespeito pela condição humana, constitui uma evidência triste da incapacidade dos democratas para defenderem a democracia de acordo com as regras desta e com respeito pelos direitos humanos. Posteriormente, episódios como as perseguições a emigrantes lançados ao Mar Mediterâneo ou a ainda recente tortura e morte de um cidadão da Ucrânia no aeroporto de Lisboa por parte do Serviço de Estrangeiros e Fronteiras — uma das polícias da República Portuguesa — são exemplos desse caminho de banalização da violência e de desprezo pela igual dignidade do outro.

A legitimação da violência passou, também, pela recuperação dos velhos *slogans* do tempo dos *western*, com responsáveis políticos de topo a oferecerem recompensas elevadas a quem entregasse *«dead or alive»* dirigentes de movimentos terroristas, com a assunção de uma justiça penal privada e a apologia da execução sem julgamento.

A perseguição determinada das ações terroristas desencadeadas por fanáticos é, indiscutivelmente, necessária. Mas a utilização de métodos fora de qualquer padrão de humanidade normalizou a crueldade e o desrespeito por regras elevadas à categoria de direitos inalienáveis, como a integral dignidade de cada ser humano, dando origem a movimentos como o de apoiantes de Donald Trump, que conheceu a sua apoteose com a invasão do Capitólio, numa tentativa de anulação dos resultados das eleições e de ajuste de contas físico com congressistas *não alinhados*.

As horríveis imagens dessa invasão ficarão seguramente na nossa mente por muito tempo, como exemplo e fundamento de recusa das políticas que lhes subjazem.

Há, no entanto, um número significativo de pessoas que se revê naqueles comportamentos e dirigentes políticos que cavalgaram os sentimentos de ódio e frustração para contribuir para a criação do mundo doente de que nos fala *Francisco de Roma*, o papa.

De facto, o ambiente político das últimas décadas parece marcado pelo impasse, tornando-se difícil aceitar que, onde antes houve força para reerguer a Europa e construir Estados sociais, para lutar pelas independências e para considerar o interesse geral o mote essencial da política se veja agora indecisão, tibieza e fragilidade.

O pensamento económico e social e as políticas postas em prática no terreno, sobretudo a partir da segunda guerra mundial, ancoravam-se em três orientações: uma que via na colectivização e na eliminação das liberdades económicas (e não só) a solução de todos os problemas e a forma de construção de sociedades justas; outra que considerava o mercado, totalmente entregue a si próprio e ao somatório de egoísmos individuais, a solução para todas as interrogações e uma terceira que, aceitando a importância do mercado, defendia a necessidade de atuação do Estado, para corrigir as falhas daquele e assegurar a todos níveis mínimos de dignidade económica e social.

Com a queda do Muro de Berlim pode-se dizer que a primeira dessas orientações quase desapareceu da organização política mundial, com raras excepções —, como Cuba ou a Coreia do Norte —, sendo defendida hoje apenas por um pequeno grupo de nostálgicos.

A China, mantendo embora uma simbologia dos tempos em que Mao Tsé-Tung a comandou, tornou-se um exemplo de capitalismo selvagem. Recorde-se, aliás, como o seu Presidente, Xi Jinping, foi recebido em 2019 no Fórum Económico Mundial, em Davos, onde foi consagrado como o líder mundial da liberdade económica.

A Rússia virou as costas a qualquer forma de democratização da economia e da sociedade, sendo difícil não lembrar a cumplicidade ocidental em todo esse processo. O mesmo rumo foi seguido pela generalidade dos seus antigos aliados, alguns dos quais com tão paradoxais quanto rápidas entradas na União Europeia, apoiadas pela Alemanha.

Do lado dos Estados que, como sucedeu com os Estados Unidos, sempre confiaram ao mercado a centralidade das decisões económicas, sociais e políticas, vivendo com a influência dos *lobbies* e a consolidação de um pensamento único, as coisas assim se mantiveram. Restará, agora, ver o que farão ainda o Presidente Joe Biden, e o Partido Democrata, entretanto mais próximo de uma agenda à esquerda do que era usual.

Menos expectável era que, após a queda do Muro de Berlim, as forças do socialismo democrático e da social democracia, na sua quase totalidade, cancelassem as suas agendas, em muitos aspectos comuns aos democratas cristãos[3],

[3] Vítimas, também eles, do mesmo processo que os conduziu ao liberalismo económico, com o abandono da doutrina social da igreja.

e passassem a seguir com fervor o ideário político liberal, acreditando que a privatização da economia, a concorrência, a redução das despesas sociais e os cortes de impostos sobre as grandes fortunas fariam a prosperidade e trariam a felicidade colectiva.

Com a distância de mais de duas décadas, é difícil assimilar a miopia de alguns dirigentes social-democratas ou a anomia de outros. A queda dos regimes comunistas, com os quais nunca tinham tido laços de cooperação, ter-lhes-ia permitido afirmar valores de solidariedade social sem o mínimo risco de serem apontados como sucessores ou *familiares* dos governos derrotados.

Não o tendo feito, na sua generalidade — com excepção de casos de carisma individual ou de grande coragem política —, deixou de fazer sentido para as populações votar neles. Que apelo passou a ter votar nestas forças, perdido o seu papel histórico de interlocutores e mediadores entre o capital e o trabalho?

Muito do seu eleitorado passou para os partidos de direita tradicional, dotados de meios de propaganda e de grande influência nos *media*. Outros, porém, menos crentes no *establishment*, foram alimentar as forças de extrema-direita, que lhes forneciam as doses de ódio e o sentido de vingança que o seu mal-estar reclamava.

Consumou-se, assim, o que alguns designam por *traição da social democracia*, que conduziu à actual situação da esquerda democrática.

Não se pode ignorar que, nos últimos anos, os partidos ecologistas, com a sua agenda de preservação do ambiente e de resgate das condições de vida no planeta, se têm tornado numa força política muito mais influente na Europa, onde vêm ganhando um impressionante número de apoiantes, como sucede na Alemanha, onde os tradicionais partidos pós-guerra caminham para o ocaso.

Mas, olhando globalmente para a evolução sócio política das últimas décadas, é difícil encontrar motivos de júbilo.

Pense-se, por exemplo, na forma como à desagregação económica e política dos Estados se sobrepôs a riqueza organizada que passou a dominar a decisão política.

Pense-se, também, como a distribuição do rendimento entre o trabalho e o capital se tornou cada vez mais perversa e desumana.

Pense-se no modo como é glorificada a riqueza através de publicações como a *Forbes* e os seus *rankings* de milionários.

Pense-se, ainda, como as formas de racismo, xenofobia, anti semitismo e os discursos de ódio voltaram ao *mainstream* mundial, recordando o que se passou há quase cem anos, quando se começou a desenhar o que veio a ser a barbárie nazi. E, a este propósito, não se esqueça o «apagamento» do passado, que começou, em larga medida, no pós-nazismo na Alemanha, mas que se estendeu a outros regimes autocráticos.

Não se deixe de pensar na quebra dos laços de solidariedade social, bem expressa nas tragédias dos emigrantes, nos múltiplos conflitos regionais e na indiferença globalizada.

E como ignorar a perda de qualidade do debate político, em que a representação de ideias e projetos cedeu lugar ao insulto, à mera desqualificação do outro ou à afirmação de interesses pessoais?

E como deixar de ter presente as redes sociais, que poderiam ser excelentes veículos de democratização do mundo e se transformaram em territórios de ódio e demonização?

E as televisões, tão importantes no passado, juntando-nos ao mundo e trazendo-nos imagens de actualidade, como se transformaram em produtos que oscilam entre os *reality shows*, o terror transmitido à mesa do jantar ou os *fora* de debates monocolores de onde é excluído qualquer pensamento alternativo?

O Estado retirou-se do domínio comunicacional em nome da liberdade de imprensa. Mas o seu lugar foi ocupado por grandes empresas ou fortunas em total consonância de interesses, que actuam com total impunidade, num debate viciado, em que a desinformação é elevada à categoria de virtude.

Tempos de indiferença estes... Tempos de desistência dos valores que permitiram avanços civilizacionais associados a maior justiça e equidade e de crença descuidada na existência de um caminho único, sem retorno nem alternativa.

A ausência de lideranças fortes e de opiniões públicas dispostas a apoiá-las torna os políticos reféns de sondagens e estabeleceu nas sociedades uma apatia patológica, em que até mensagens religiosas são utilizadas para instaurar o terror.

As mensagens e acções de ódio transmitidas em nome de uma fé constituem o ponto mais alto dessa desistência de pensar coletivamente.

A Igreja Católica, que teve um papel relevante na queda do Muro de Berlim e nos tempos que se lhe seguiram, prescindiu de se pronunciar sobre o caminho seguido pelas antigas ditaduras, transformadas em democracias iliberais e deixou cair muito do seu apelo social.

Com raras excepções, como o vibrante apelo do Papa João Paulo II contra a invasão do Iraque, pode dizer-se que caiu numa apatia e distanciamento dos assuntos do mundo, bem visíveis no mandato do papa Bento XVI.

Seria preciso chegar um papa, *vindo do fim do Mundo*, para usar as suas próprias palavras, para que se desenhasse uma nova vontade da Igreja Católica na denúncia das injustiças, descendo ao mundo dos homens e das mulheres que sofrem e procurando novos caminhos.

Foi neste contexto que, no início do mês de Fevereiro de 2021, o Papa Francisco, falando aos embaixadores acreditados junto da Santa Sé, fez uma extraordinária síntese do que tem sido o seu pensamento e acção, bem condensada na passagem seguinte: «[A pandemia] salientou os riscos e as consequências duma forma de viver dominada pelo egoísmo e a cultura do descarte e colocou-nos perante uma alternativa: continuar pela estrada percorrida até agora ou empreender um novo caminho..»[4].

O Papa demonstra uma extrema lucidez ao apelar à responsabilização, não deixando firmar a ideia de que a desgraça e a tragédia que se espalham pelo mundo são obra do acaso.

Sabemos que são o resultado do que tem sido a economia e a política. E é por isso que o admirável discurso do Papa Francisco nos vem desafiar, de novo, como o fez há sessenta anos John Kennedy.

Devemos pensar no que podemos fazer pelo mundo e entregar-nos a essa tarefa com toda a determinação, pensando que todos os contributos, por mais pequenos que sejam, importam.

Este livro não vem imbuído da pretensão de identificação da poção mágica que irá resolver todos os problemas. Procura recenseá-los, analisar e propor sugestões de resposta.

Convido-vos a seguirem neste caminho e a continuarmos no futuro a busca do paraíso que sempre quisemos encontrar.

---

[4] Discurso do Papa Francisco..., cit.

PARTE I

100 ANOS DEPOIS DA GRIPE ESPANHOLA: A COVID-19

1. ASPECTOS GERAIS DA PANDEMIA

A actual crise com que se confronta a humanidade tem no seu epicentro a pandemia covid-19 que, a par do drama sanitário, com o cortejo de mortes e infectados, provocou uma crise económica de dimensões praticamente inéditas, abrangendo uma área geográfica muito mais vasta do que o habitual. Por outro lado, foram-se multiplicando estirpes variadas que vieram colocar novos problemas, designadamente em termos de eficácia da vacinação.

Esta não é a primeira pandemia causada por um síndrome respiratório agudo (o novo coronavírus, responsável pela doença covid-19, é o SARS-CoV-2). Cem anos atrás, a gripe espanhola teve sensivelmente a mesma origem.

Constantino Sakellarides[5], uma das mais respeitadas vozes da ciência e da cidadania, explica a emergência da pandemia, enquadrando-a no pano de fundo que está na sua origem:

> *Nós vivemos numa biosfera onde microorganismos de vária natureza passam de uma espécie para a outra. E é assim que de vez em quando um microorganismo, neste caso um vírus que vive numa espécie diferente da nossa — pode ser num morcego, pode ser num dromedário, pode ser num gato selvagem... — atravessa a barreira da espécie e adapta-se a uma nova espécie. Quando isso acontece,*

---

[5] «Coronavírus: Perguntas & Respostas», Entrevista a Constantino Sakellarides em *Esquerda.net*.

para nós é um vírus novo. É um vírus que não conhecemos. E habitualmente é um vírus agressivo porque é pouco adaptado ainda à nossa espécie. Foi assim que este apareceu. Não se sabe exatamente qual foi o animal que o transmitiu na China pela primeira vez. Há a hipótese de o reservatório fundamental ser um morcego, mas mesmo isto é posto em dúvida, não sabemos ainda. Mas aconteceu isso que acontece frequentemente, e desta vez é o coronavírus.

No caso do coronavírus, chegou a sugerir-se que o vírus se teria espalhado a partir de um laboratório situado em Wuhan, no quadro de hipóteses conspiratórias sobre a possibilidade de uma guerra química.

A 29 de Março de 2021, a *Associated Press* dava conta de uma versão preliminar do Relatório de um estudo realizado pela OMS, em conjunto com a China, sobre as origens do SARS-CoV-2, revelando que a transmissão do vírus entre morcegos e humanos através de um outro animal será o cenário mais provável, e concluindo ainda que a produção do vírus em laboratório é «extremamente improvável», o que conduziu ao abandono dessa linha de investigação[6].

Entre os quatro cenários identificados pelos investigadores para a origem do vírus, foi considerado mais provável a transmissão por meio de um segundo animal. Ainda assim, avaliaram como «improvável» a disseminação directa de morcegos para humanos e acrescentaram que vírus muito semelhantes ao SARS-CoV-2 foram identificados em pangolins, tendo sido confirmado que visons, martas e gatos podem mais facilmente ser transmissores, uma vez que o contacto dos morcegos com os humanos é mais raro[7].

Apesar da gravidade da pandemia e da tragédia humana que acarretou, houve espaço para discussão sobre as duas possíveis e mais evidentes vias de actuação dos governos:

---

[6] «WHO report: COVID likely 1st jumped into humans from animals», *Associated Press*, 29 de Março de 2021.

[7] Ken Moritsugu, «The Draft of a WHO Report Says Animals Were the Likely Source of Covid -19», *Times*, 29 de Março de 2021.

proteger a economia, mantendo um funcionamento aparentemente normal de toda a actividade, ou combater activamente a doença custasse o que custasse.

Mas este era um debate inquinado à partida — pese embora o facto de a ele se voltar recorrentemente — porque, em qualquer caso, o agravamento da doença teria sempre consequências extremas sobre a actividade económica.

Alguns governos, divididos entre os dois termos da resposta à crise, tardaram na adoção de medidas de protecção contra o alastrar da pandemia. O governo britânico manteve a realização do *Cheltenham Festival* de equitação, a 13 de Março de 2020, juntando como sempre adeptos de todo o país e das mais diversas classes sociais, e provocando um enorme foco de infecção[8].

O próprio ministro responsável pela saúde, proprietário de cavalos envolvidos na competição, se juntou ao evento.

Resta esperar que em eventuais futuras situações de pandemia se compreenda que é necessária uma resposta imediata e que, como escreveu Martin Wolf[9], «...a segurança das pessoas deve permanecer como a lei suprema da política, agora e para sempre.»

Naturalmente que a opção de criação de condições de protecção para as pessoas não pode ser extremada ao ponto de suprimir totalmente a actividade económica, já que isso conduziria a resultados totalmente devastadores. Mas os governos têm de se organizar para conseguirem conjugar as duas preocupações da forma mais ajustada às características próprias dos respetivos países.

A pandemia da covid-19 traduziu-se na maior recessão global desde a Grande Depressão de 1929. Além dos dramas humanos, disrupções sociais, disputas sobre

---

[8] John Vidal, «If you wanted to design a virus dispersion hub, you could do worse: the Cheltenham Festival, one year on», *The Guardian*, 20 de Fevereiro de 2021.

[9] «What the World can Learn from the covid-19 Pandemic», *Financial Times*, 24 de Novembro de 2020.

direitos humanos e estados de pânico exacerbado levaram ao aumento de todas as formas de discriminação e à hostilidade a emigrantes e refugiados, ao encerramento de inúmeros espaços públicos, ao cancelamento de espectáculos e outros eventos, a dificuldades de abastecimento e a uma redução drástica do nível da actividade económica e do comércio internacional.

A pandemia e o combate à doença deram também origem a uma luta política intensíssima, com movimentos negacionistas, prevalentemente ligados a partidos e movimentos de extrema-direita — ainda que por vezes associados a libertários e outras formas de contestatários — a assumirem formas de contestação e de protesto contra as medidas sanitárias decretadas pelos governos, aproveitando, em algumas circunstâncias, estados de compreensível fadiga juvenil.

Não foram estranhas a estes movimentos as posições assumidas por líderes políticos com dimensão internacional, como os presidentes Trump e Bolsonaro, que se distinguiram na desvalorização pública da gravidade e efeitos da doença e na adopção de políticas e comportamentos individuais em total contraciclo com as exigências de protecção impostas para combater a pandemia. Conduziram os respectivos países à beira do abismo e podem ter contribuído para a morte de centenas de milhares de cidadãos.

No plano político é interessante a análise dos reflexos que a maior ou menor centralização do poder teve sobre a forma como foram tomadas as decisões em pandemia e sobre a pandemia. Os Estados Unidos são disso exemplo, mas é também elucidativo o caso alemão, em que a chanceler Merkel, numa versão debilitada de fim de mandato, foi forçada pelos primeiros-ministros dos estados federais a recuar nas medidas de confinamento da semana pascal, alterando consequentemente a lógica de repartição de poderes.

E a dimensão política é ainda fundamental porque a pandemia, com as suas terríveis consequências, aprofundou o afastamento de muitos cidadãos dos valores democráticos em que assentam as nossas sociedades, aumentando o grau de desconfiança e de insatisfação em relação às instituições e conduzindo-os a estados de zanga e de raiva[10].

É ainda Martin Wolf que, com particular acuidade assinala que «(...) no mundo de hoje, a cidadania necessita de três aspectos: lealdade às instituições políticas e legais da democracia e aos valores de um debate aberto e de tolerância mútua para os apoiar; preocupação com a capacidade dos nossos concidadãos para levar uma vida sucedida; e o desejo de criar uma economia que permita aos cidadãos e às suas instituições desenvolverem-se»[11].

O encerramento de actividades e a obrigatoriedade de confinamento geraram um ambiente de isolamento das pessoas, que sendo absolutamente necessário à contenção das cadeias de transmissão e ao tratamento da doença, foram indutores de disrupção social e de quebra dos laços de convivialidade em que se sustentavam as nossas vidas. As tecnologias de comunicação a distância, como o *Zoom* e outras afins, supriram o mínimo das necessidades comunicativas mas não compensam suficientemente a ausência de proximidade física. Essa será, seguramente, uma lição para as sociedades pós-pandémicas: as nossas comunidades precisam de reforçar as ligações físicas e afectivas. Essa necessidade, já experienciada pelos mais idosos, sobretudo em contexto de institucionalização, foi agora também vivida dramaticamente pelos jovens. Nas palavras impressivas de Sobrinho Simões, o grupo dos mais idosos sente que lhes roubaram anos de vida, e os mais jovens deverão retomar os hábitos de vida que, nalguns casos, mal chegaram a conhecer.

Hoje, ainda que a percepção maioritária quanto ao legado da doença seja de pessimismo, não deixa de se veri-

---

[10] Vd. Eric Lonergan e Mark Blyth, *Angrynomic*. Nova Iorque: Columbia University Press, 2020.

[11] Martin Wolf, «Democracy will fail if we don't think as citizens», *Financial Times*, 6 de Julho de 2020.

ficar um sentimento que aflora sempre nestas conjunturas, associado à identificação de possíveis efeitos virtuosos de um evento negativo. Com grande optimismo sustenta Ivan Krastev[12] que «[p]ossivelmente pela primeira vez na história, as pessoas têm tido as mesmas conversas sobre os mesmos temas. Todos vivemos o mesmo medo. Ao ficar em casa e ao passar horas sem fim à frente de ecrãs, as pessoas testemunharam a semelhança entre as suas experiências e a de todos os outros. Mesmo se acabar por ser um momento histórico passageiro, não podemos negar que viemos a perceber o que significa viver num só mundo».

Outros, igualmente optimistas, antecipam que a experiência de confinamento, em paralelo com o recurso a formas de contacto à distância, criará sociedades com maior abertura de horizonte e mais capazes de compreender a dimensão universal da pandemia e a proximidade dos problemas com que se deparam os vários Estados.

Talvez lhes assista razão. Mas as múltiplas dificuldades com que a pandemia nos confrontou não deixará de ter um lastro negativo, que pesará sobre o nosso futuro comum.

A quebra das aprendizagens, o fecho das escolas e o ensino à distância, a não alcançar todos os estudantes, é uma realidade dramática que irá acentuar as desigualdades no futuro.

Num texto de extraordinária lucidez, Maria Emília Brederode Santos, presidente do Conselho Nacional de Educação, deixou uma nota que interpela toda a indiferença:

> *Embora os dados referentes ao impacto das desigualdades sociais no percurso educativo dos alunos fossem já conhecidos e repetidamente verificados, a verdade é que adquiriram muito maior visibilidade neste último ano. Hoje, com a pandemia, o encerramento das escolas e o recurso ao ensino remoto de emergência, toda a gente parece ter descoberto as desigualdades sociais e suas relações com a*

[12] «The Pandemic of Fear», *Project Syndicate*, Janeiro de 2021.

educação e até parece haver um consenso generalizado na necessidade de as combater ou pelo menos reduzir.

A pandemia veio pôr em evidência não só a "brecha digital": as diferenças no acesso aos dispositivos e à rede (evidenciando também as diferenças territoriais), mas também as condições de habitabilidade e de trabalho em casa; as competências digitais dos pais, mas também as suas competências culturais mais genéricas para poderem apoiar os filhos em casa.

A pandemia veio ainda agravar essas diferenças e criar novas desigualdades.

[...]

Não bastará — embora seja indispensável — tornar acessíveis aos alunos os dispositivos digitais e a sua conectividade.

Importará conhecer com mais rigor a situação dos alunos de diferentes grupos sociais — situação de aprendizagem, de "perda" cognitiva, mas também da situação socio-emocional que tão importante é para as aprendizagens e de valorização de competências próprias — e encontrar as formas de intervenção mais eficazes. E colocar o digital não como reprodução nem substituição do ensino presencial mas como uma ferramenta ao serviço de uma pedagogia autonomizadora, capacitadora de todos[13].

O confinamento, que é uma necessidade absoluta para a luta contra a pandemia, tem provocado reacções muito diversas e difíceis de gerir, variando de país para país e criando uma situação de «fadiga», que explica muitos actos irracionais e muitos gestos de impaciência auto-lesiva.

Mas a questão da saída do confinamento coloca, também, desafios de ordem técnica a cargo dos poderes públicos, o que levou a OMS e a Comissão Europeia a emitirem, aquando da primeira vaga, orientações gerais a serem adoptadas pelos diferentes países.

---

[13] «Educação, Desigualdades, e Desenvolvimento em Tempos de Ressentimento», Comunicação ao XI Congresso da Associação Portuguesa de Sociologia, 29 de Março de 2021, gentilmente cedida pela autora.

Nem sempre os Estados seguiram essas orientações. A Nova Zelândia tem sido apontada como o melhor exemplo dos efeitos das práticas recomendadas pela OMS, com a adopção de quatro níveis de alerta e a explicação permanente das medidas tomadas e os seus resultados, permitindo à população um conhecimento efectivo da evolução da doença e a adaptação dos respetivos comportamentos a essa evolução, modelo muito semelhante ao utilizado em Portugal no desconfinamento de Março-Abril de 2021[14]. É, porém, evidente que o encerramento precoce de fronteiras influenciou os resultados.

À medida que se desenvolvia a pandemia e a tentativa de a contrariar tornou-se evidente a sua ligação aos níveis de desigualdade, a dependência do crescimento económico, a debilidade da protecção sanitária pública e a fraqueza das normas e instrumentos de cooperação internacional.

Provavelmente uma das mais acutilantes apreciações sobre a actual pandemia foi feita pelo secretário-geral da ONU, António Guterres, ao afirmar:

> *A covid-19 foi comparada a um Raio-X, revelando fracturas no esqueleto frágil das sociedades que criámos. Está a expôr falácias e falsidades em todo o lado: A mentira de que os mercados livres permitem prestar cuidados de saúde a toda a gente; A ficção de que o trabalho não-remunerado não é trabalho; A ilusão de que vivemos num mundo pós-racista; O mito de que estamos todos no mesmo barco. Se é verdade que estamos todos a flutuar no mesmo mar, é também evidente que alguns estão em super iates enquanto outros agarram-se aos destroços à deriva*[15].

[14] Vd. Constantino Sakellarides e Fernando Araújo, «Estratégias de Saúde Pública para a Pandemia covid-19 em Portugal. Contribuições da Experiência Internacional», *Revista Científica da Ordem dos Médicos*, Jul-Aug; 33(7-8): pp. 456-458 (disponível em https://www.actamedica-portuguesa.com).

[15] Discurso proferido na Comemoração do Nascimento de Nelson Mandela, a 18 de Julho de 2020.

Entre as medidas adoptadas para o combate à pandemia ressaltam o distanciamento social e o confinamento, práticas seguidas pelo menos desde a grande peste, à qual se juntaram o uso de máscaras faciais de protecção, já usadas na gripe espanhola, especiais cuidados de higiene, desinfecção de superfícies, a tentativa de desenvolvimento de algumas formas de medicação e, sobretudo, de vacinação.

Nos planos económico e social, a generalidade dos Estados adoptou formas de apoio financeiro à actividade empresarial e aos trabalhadores atingidos que foram, de um modo geral, semelhantes às utilizadas por Portugal. As modalidades de intervenção do Estado têm conhecido variações, mas passam, de forma geral, por uma série de medidas de apoio às empresas como subvenções a fundo perdido (em Portugal, o programa APOIAR), linhas de crédito para os negócios mais afetados e reduções da carga fiscal, pela manutenção dos contratos de trabalho com a remuneração dos trabalhadores em regime de *lay-off* e pelo reforço de uma série de apoios sociais, como por exemplo a prorrogação das prestações de desemprego e RSI, moratórias de crédito para a habitação, a reavaliação dos escalões para o abono de família, o apoio ao rendimento do trabalhadores independentes ou o um subsídio para as pessoas em isolamento profilático.

Em torno dos medicamentos para o tratamento da covid-19 gerou-se uma polémica com a tentativa de recurso a tratamentos sem evidência da sua idoneidade para curar ou atenuar a doença, como os recomendados pelos presidentes Trump e Bolsonaro, o que levou a um certo descrédito deste tipo de solução. Aos poucos foram-se, no entanto, afirmando alguns, pela sua maior credibilidade, estando presentemente diversos em apreciação pela Agência Europeia de Medicamentos, que até agora, no entanto, só concedeu uma autorização, condicional, ao medicamento *Veklury* (*Remdesivir*)[16].

[16] A Pfizer também já anunciou um medicamento oral para tratar a covid-19 que deverá estar disponível já no final de 2021.

No dia 2 de Março de 2020, foram oficialmente comunicados os primeiros casos de covid-19 em Portugal, com algum atraso em relação ao que sucedera já em diversos outros Estados. Portugal manteria, aliás, durante algum tempo, muito bons resultados na contenção da pandemia, justificando a qualificação de caso exemplar o que, num momento de grande dificuldade, tanto contribuiu para alimentar o nosso ego em provas desportivas ou em actuações políticas.

Todos têm presente a forma como, a partir daí, o número de casos de covid-19 cresceu.

Em 11 de Março de 2020, data em que a doença é declarada oficialmente como pandemia pela OMS, o mundo registava uma média, a 7 dias, de 3604 novos casos e de 156 mortes.

A 28 de Maio de 2021, verificava-se, a nível mundial, um acumulado de 169.021.406 infecções e 3.512.719 mortes. Em Portugal, até esta data registavam-se um total de 847.006 infecções e 17.022 mortes.

No topo dos países com números mais elevados da doença estão os EUA com um total de 33.218.607 casos confirmados e 593.293 mortes; a Índia, com 27.555.457 casos e 318.895 mortes, e o Brasil, onde se registavam àquela data 15.346.162 casos e 456.674 mortes[17].

---

[17] Dados: John Hopkins University (JHU), disponíveis em https://coronavirus.jhu.edu/map.html.

Os especialistas desde sempre chamaram a atenção para o problema da sub-notificação de casos da doença. Num recente estudo, o *Institute for Health Metrics and Evaluation — IHME*, da Universidade de Washington, estima que a pandemia terá provocado a nível mundial cerca do dobro das mortes oficialmente divulgadas: 6,9 milhões. Adiantam os responsáveis pela investigação que «Muitas mortes não são reportadas porque os países notificam apenas mortes que ocorrem em hospitais ou em pacientes com infecção confirmada. Em muitos lugares, os frágeis sistemas de notificação da saúde e o acesso reduzido a cuidados de saúde aumentam esse desafio». (Vd. «Mortes por covid-19 podem ser mais do dobro das reportadas oficialmente», *Público*, 27 de Maio de 2021).

Estes números não espelham o sofrimento individual, a humilhação, a fome e miséria crescentes. Eles são apenas a capa visível de um imenso drama humano.

Naturalmente que as mortes por covid-19 não foram as únicas a verificar-se e que a elas se juntaram as provocadas pela gripe sazonal e outras doenças, muitas das quais resultantes das condições sanitárias, mas também outras de razões basicamente económicas — da pobreza, do desemprego e da falta de condições habitacionais e financeiras. Uma quota dessas mortes ficou-se também a dever às alterações climáticas. A OMS calcula que as mudanças no clima são responsáveis por mais de 150.000 mortes anualmente e que estes números só irão piorar, ultrapassando facilmente o número de mortes anual causado por doenças infecciosas, antes do final do século.

Não se pode pensar que a morte foi a única consequência sanitária da COVID. Ainda se está por saber que sequelas poderá vir a ter na qualidade de vida das pessoas e, em especial, dos mais idosos, e que efeitos terão os isolamentos sanitários no equilíbrio psicológico dos confinados, muitos dos quais viviam já em condição de isolamento grave.

O tema tem vindo a crescer de importância e a Ministra portuguesa da Saúde declarou na Assembleia da República: «naturalmente a pandemia deixará um rasto pesado sobre aquilo que é a saúde mental de todos nós, quer em termos estritamente de equilíbrio quer em termos de doença mental mais profunda»[18].

Deve-se a Júlio Machado Vaz, com sua extraordinária qualidade científica e dotes de comunicador, um brilhante levantamento sobre os efeitos da pandemia na área da saúde mental, assinalando o brutal aumento da ansiedade e da depressão e o consequente aumento do consumo de medicamentos psiquiátricos, de álcool e outras drogas[19].

---

[18] *O Jornal Económico*, 10 de Fevereiro de 2021.

[19] Comunicação na Conferência Organizada pelo Instituto Europeu e pela Caixa Geral de Depósitos no âmbito da Presidência Portuguesa da União Europeia, *O Regresso da Peste*, site IDEFF.

Em Inglaterra, o *Office for National Statistics* reportou que um em cinco adultos britânicos — e um em três com menos de 30 anos — experienciou uma forma de depressão na altura do confinamento em 2020[20].

Num estudo norte-americano de Setembro de 2020 apontava-se para um número de depressões três vezes superior ao normalmente registado e maior do que o verificado em anteriores situações traumáticas[21].

Também tem sido dada pública nota de que muitos dos que sofreram a infecção há mais tempo permanecem com sintomas que identificam como uma «névoa mental»[22], descrita como a incapacidade de concentração e a fadiga permanente após a realização de tarefas simples do dia-a-dia, num registo que os médicos designam síndrome pós-covid, ou «covid-19 prolongada».

As doenças de natureza psiquiátrica resultam não só da própria covid-19, mas também dos seus efeitos económicos e sociais, com destaque para o desemprego e para a perda de rendimentos e ainda das medidas postas em acção para o combate à pandemia, como o confinamento e o isolamento social.

A verificação de que as pessoas com menor rendimento eram mais atingidas leva, aliás, a que no estudo referenciado se conclua: «é importante reconhecer que o potencial das consequências para a saúde mental da covid-19 é de larga escala, reconhecer que estes efeitos podem ser duradouros e considerar acções preventivas para ajudar a mitigá-los. Em particular, este fardo está a ser carregado por grupos económica e socialmente marginalizados, sugerindo que indivíduos com baixos rendimentos e com menos

---

[20] «One in five UK adults have had depressive symptoms during pandemic», *The Guardian,* 5 de Maio de 2021.

[21] «Prevalence of Depression Symptoms in US Adults Before and During the covid-19 Pandemic», *JAMA,* 2 de Setembro de 2020.

[22] «E depois da infecção? A "névoa mental" de quem sofre de covid-19 prolongada», *Público,* 14 de Abril de 2021.

recursos venham a beneficiar de uma atenção política particular nos próximos meses.[23]»

O desemprego e o risco de desemprego assumiram proporções de elevado dramatismo, gerando estados de grande ansiedade. O desemprego de um dos adultos suporte económico da família, o risco de desemprego do outro, ou outros, o medo instalado nas crianças, temendo o desemprego dos progenitores. Não consigo esquecer a história que me contou a Lídia, empregada doméstica em minha casa há 22 anos, a quem a filha de 9 anos confessou: «Rezo todas as noites para que os teus patrões não te despeçam». Ninguém merece passar por essa angústia.

Todos os estudos concluem no sentido de um significativo aumento das doenças psiquiátricas, importando lembrar, como o faz Ana Matos Pires, que de acordo com o Estudo Epidemiológico Nacional de Saúde Mental, já antes da pandemia a posição de Portugal não era propriamente invejável: «Portugal tem, em conjunto com a Irlanda do Norte, a mais elevada prevalência de doenças psiquiátricas na Europa, estando as prevalências encontradas na população portuguesa entre as mais altas em todos os grupos de perturbações. Especial atenção merecem as patologias ansiosas e as perturbações do humor, nas quais se inclui a patologia depressiva

Um questionário desenvolvido pelo Instituto Nacional de Saúde Doutor Ricardo Jorge (INSA), em colaboração com o Instituto de Saúde Ambiental da Faculdade de Medicina da Universidade de Lisboa e com a Sociedade Portuguesa de Psiquiatria e Saúde Mental confirma a convicção generalizada na comunidade científica, assim como a percepção da opinião pública.

De acordo com os resultados daquele questionário:

> (...) *a pandemia covid-19 provocou alterações profundas nos estilos de vida, com potencial impacto na Saúde Mental e no Bem-*

---

[23] Idem.

-Estar das populações, podendo conduzir a ansiedade, depressão, perturbação de stress pós-traumático e burnout. Neste contexto de pandemia, muitas das alterações ocorridas têm sido apontadas como responsáveis por impactarem negativamente na saúde mental e no bem-estar psicológico, em particular das pessoas infetadas e dos profissionais de saúde que delas cuidam. Isto decorre de diversos factores, entre eles, medo e incerteza percecionados pelos indivíduos, medidas de saúde pública adotadas, como o distanciamento físico na sua manifestação mais extrema, como seja o confinamento, consequências socioeconómicas (e.g., perda de rendimento, desemprego) e, também, os potenciais efeitos diretos do vírus no sistema nervoso central. Importa assim tomar medidas promotoras de Bem Estar e de reforço da Saúde Mental, e de mitigação do sofrimento psicológico na população geral, e em particular nos profissionais na linha da frente, nomeadamente nos profissionais dos serviços de saúde, nos cidadãos em isolamento ou quarentena, nas pessoas infetadas com SARS-CoV-2 e nos doentes com covid-19. A aproximação do período de gripe sazonal e o atual aumento de casos de doentes com covid-19 vão, provavelmente, resultar em maior vulnerabilidade de um número também potencialmente maior de pessoas. Apesar de a pandemia ser, num primeiro nível, uma crise de saúde física e uma crise social, no caso de não virem a ser implementadas medidas de Saúde Mental e Bem Estar em tempo útil, poderá vir a tornar-se uma grave crise de Saúde Mental, com todas as implicações que tal tem em termos de custos humanos, familiares, sociais e de despesa pública em saúde, bem como em termos de redução da produtividade a nível nacional.

Alguns aspectos menos evidentes não devem também ser ignorados, como é o caso da profunda alteração de um padrão alimentar pouco saudável, com recurso a um excesso de alimentos como as pizzas, os hambúrgueres ou os doces, utilizados à laia de consoladores. O regresso ao padrão normal poderá não se revelar muito fácil ou rápido.[24]

---

[24] T. Almeida, M.J Heitor, O. Santos, A. Costa, A. Virgolino, C. Rasga, H. Martiniano, A. Vicente, *Saúde mental em tempos de pandemia — SM-COVID-19: policy brief*, Instituto Nacional de Saúde Doutor Ricardo Jorge, IP, Outubro de 2020.

Na reunião do INFARMED de 22 de Março de 2021, a directora da Escola Nacional de Saúde Pública, Carla Nunes, divulgou resultados de um estudo de acordo com o qual um em cada cinco portugueses se sentia agitado, ansioso, "em baixo" ou triste por causa das medidas de distanciamento físico[25].

A questão da saúde mental dos jovens tem merecido uma especial atenção dos especialistas, com muitos a considerarem ser este um sector da população especialmente vulnerável e a recordar a importância do suicídio como causa de morte dos adolescentes a nível mundial.

Um estudo da Faculdade de Psicologia e Ciências da Educação da Universidade de Coimbra indica que 14% dos adolescentes entre os 13 e 16 anos apontavam para uma sintomatologia elevada, muito superior, por exemplo, à percentagem verificada na última crise financeira[26]. O mesmo estudo aponta para o desenvolvimento de sentimentos de «tristeza, medo e raiva, e de sintomas de ansiedade e uma descida da felicidade».

No domínio da saúde mental têm passado bastante mais despercebidos, apesar da sua enorme relevância, os esgotamentos e depressões entre o pessoal médico, que se sente desconfortável para o admitir ou procurar auxílio de colegas.

Estima-se que 45% dos médicos de emergência nos Estados Unidos não se sentem confortáveis em procurar ajuda para a saúde mental.[27] E isso porque, como observa uma médica, «a medicina não fomenta uma cultura onde se possa falar sobre as suas fraquezas e vulnerabilidades porque, enquanto médicos, somos supostos ser pilares da sociedade, onde conseguimos aguentar tudo».

---

[25] *Público*, 23 de Março de 2021.

[26] Ver uma síntese em *Público*, 24 de Fevereiro de 2021.

[27] Sondagem da *American College of Emergency Physicians (ACEP)*, 26 de Outubro de 2020.

A mesma médica nota, numa formulação particularmente tocante: «é algo que que afecta a alma, não sei outra forma de o dizer... Dia após dia a ver sofrimento humano, e não poder fazer nada quanto a isso».

Mas há outras dimensões igualmente preocupantes na pandemia, dimensões que atingem a sociedade no seu âmago, com especial relevo para a desigualdade entre Estados e entre sectores da população, raças ou etnias, tornadas mais evidentes e, em muitos casos, agravadas pela doença.

Há mesmo quem, como Laura Spinney[28], leve mais longe a questão da desigualdade e da pandemia, colocando a hipótese de se estar não só a assistir a um crescimento das diferenças desde o início da pandemia, mas de ter sido a desigualdade a provocar o seu aparecimento.

A desigualdade leva, com efeito, a uma quebra de condições de protecção sanitária, obrigando à deslocação de populações, que passam a viver em condições deploráveis, enquanto os mais favorecidos aumentam o consumo de produtos de luxo, que podem criar cadeias favoráveis à propagação.

Numa análise global da OXFAM, com a designação feliz de *o vírus da desigualdade*, publicada em Janeiro de 2021[29], sublinha-se:

> *A pandemia do coronavírus tem o potencial de levar ao crescimento das desigualdades em quase todos os países de uma só vez, a primeira vez que acontece desde que há registo. O vírus expôs, alimentou-se e aumentou as desigualdades existentes em termos de riqueza, género e raça. Mais de dois milhões de pessoas morreram e outras centenas de milhões estão a ser forçadas à pobreza enquanto muitos dos mais ricos — indivíduos e empresas — estão a prosperar.*

---

[28] «Inequality doesn't just make pandemics worse — it could cause them», *The Guardian*, 12 de Abril de 2020.

[29] «The Inequality Virus. Bringing together a world torn apart by coronavirus through a fair, just and sustainable economy», OXFAM, 25 de Janeiro de 2021.

Fortunas bilionárias voltaram aos seus máximos de pré-pandemia em apenas nove meses, enquanto a recuperação para os mais pobres do mundo pode vir a demorar mais de uma década.

A OXFAM conclui, ainda, que os 1000 bilionários mais ricos precisaram de menos de um ano para repor o seu nível de fortuna e que o aumento de riqueza dos 10 bilionários mais ricos desde que a crise começou seria mais do que suficiente para impedir a generalização da pobreza e para pagar a vacinação de toda a população mundial.

As projecções das organizações internacionais como o Banco Mundial ou as Nações Unidas são igualmente pessimistas. As Nações Unidas estimam que 490 milhões de pessoas em 70 países serão empurradas para a pobreza, revertendo os ganhos para as camadas mais favorecidas da população.

A crise económica e os confinamentos levaram a uma brutal perda de empregos no sector formal que não tiveram contrapartida em saídas para o sector informal.Também as remessas que eram feitas por emigrados em países mais ricos, para apoio às famílias, desceram drasticamente.

Para juntar a tudo isso, a baixa de cotação de matérias primas atingiu severamente países como a Nigéria e Angola e, aos poucos, mais do que de uma crise económica passou-se a falar de uma crise de fome.

Pela primeira vez em 25 anos, a África Austral vive uma recessão sem conseguir encontrar os apoios necessários para inverter a situação. O pessimismo assentou arraiais justificadamente. Num artigo publicado no *The Economist* de 6 de Fevereiro de 2021 estima-se que a dificuldade em conseguir vacinas será muito grande e não é de prever que se atinjam limites de imunidade antes de 2024. Mesmo que o resto do mundo regresse a uma situação de normalidade, os turistas e viajantes que têm contribuído para um crescimento de 9% do PIB manter-se-ão afastados.

A demora inicial no crescimento dos casos deu origem a uma aceleração muito rápida — que não conta com meios adequados a contrariá-la — depois de uma fase inicial em que alguns especialistas admitiram que a juventude das populações, o trabalho ao sol e a exposição a várias outras epidemias geradoras de anticorpos poderiam ajudar a conter a propagação e a atenuar os efeitos da doença. Hoje tem-se já como certo que os resultados se situarão entre os piores.

Num documento de 14 de Abril de 2021, o Banco Mundial procede a um levantamento da situação e da sua actuação, dividida por quatro grandes áreas: salvar vidas, proteger os pobres, criar empregos e reconstruir melhor.[30]

Apesar do auxílio do Fundo Monetário Internacional, os ministros das finanças dos países menos desenvolvidos calculam um défice de financiamento de 200 mil milhões de dólares para 2021.

Neste cenário de dificuldades, a incapacidade de gerar políticas adequadas continua a fazer-se sentir, muitas vezes com governos dos quais se poderia esperar mais. O *The Economist* recorda, a este propósito, a prática inação do presidente do México, Manuel López Obrador, levado ao poder com o voto dos setores mais desfavorecidos da população, na esperança de melhores dias, esperança que veio a revelar-se infundada.

O México só seria, aliás, notícia nos últimos tempos pela dádiva de 4 milhões de doses de vacinas, pelos Estados Unidos, valor idêntico àquele cedido ao Canadá.

Para além das questões gerais da miséria e desigualdade, o desaparecimento de bons empregos é uma realidade da maior relevância, de que nos dá nota Dani Rodrik[31], e que foi, aliás, alvo de grande aproveitamento por parte dos populistas de direita.

Em Portugal é visível o aumento das desigualdades salariais, com a persistente subida dos salários mais elevados

---

[30] *World Bank Fact Sheet.*

[31] Dani Rodrik: «What's Driving Populism?», *Project Syndicate*, 9 de Julho de 2019.

do setor privado, em particular dos gestores e com os dos mais pobres a serem furiosamente fustigados, obrigando-os a sobreviver graças aos apoios sociais do Estado.

2. INFORMAR OU ALARMAR?

É sabido de há muito que a divulgação de informação quer sobre o modo como a doença evolui, quer sobre as medidas que o Governo e as autoridades sanitárias entendem necessárias, no plano dos comportamentos dos cidadãos e das instituições, se revela de uma importância fundamental.

A evolução da comunicação social e o seu crescimento — que a colocaram numa posição muito superior à dos tempos de anteriores pandemias —, em conjugação com a emergência das redes sociais, levariam a pensar que se estaria em presença de uma solução muito mais apta a ajudar no combate à pandemia, permitindo a divulgação de informação científica relevante e a anulação de espaços de desinformação.

As *guidelines* da OMS enfatizam a importância da comunicação:

> *A covid-19 é uma emergência de saúde pública de preocupação internacional e uma pandemia que se propagou rapidamente com repercussões sanitárias, sociais e económicas.*
>
> *Os meios de comunicação social desempenham um papel essencial no fornecimento ao público de informação clara e compreensível, enquanto promovem comportamentos que permitam às pessoas protegerem a sua saúde e a dos mais próximos. Ao disseminar informação exacta, a comunicação social pode também minimizar rumores e desinformação, ajudando assim a reduzir a ansiedade e os receios do público em relação a esta nova ameaça.*
>
> *Os meios de comunicação social podem também ajudar a mudar comportamentos para limitar a propagação da doença e evitar uma sobrecarga dos sistemas de saúde, que podem ter uma capacidade limitada para tratamentos de emergência e cuidados intensivos.*

> *Os jornalistas têm o poder de contar histórias e inspirar as pessoas a agirem colectivamente. A solidariedade entre indivíduos, comunidades e organizações será necessária para superar esta pandemia.*[32]

Infelizmente, o balanço possível não confirma as expectativas mais optimistas em relação à comunicação social e, ainda que as opiniões divirjam, uma maioria clara parece inclinar-se no sentido de que o efeito dos *media* foi largamente causador de alarme desnecessário, através do predomínio desta matéria em sucessivos noticiários e, particularmente, da transmissão televisiva de imagens de doentes em violação da sua privacidade e dignidade, em contextos susceptíveis de lançar o pânico nas sociedades e de acelerar o *efeito de fadiga* das medidas de controle da doença[33].

Paralelamente, com base numa ponderação discutível da liberdade de informação, a excessiva importância dada às manifestações e declarações negacionistas, sem contraditório, foi notória, apesar do dano que infligiam ao interesse público.

Se o sistema de saúde não se encontrava preparado para enfrentar a pandemia, muito menos estavam os *media*, sem apoio do conhecimento científico e, amiúde, confinados em sistemas de teletrabalho. Esse ambiente favoreceu a divulgação de notícias não confirmadas nem verdadeiras e, não raro, a opção por um jornalismo de extrema agressividade dirigida aos responsáveis pelo combate à pandemia ou pela audição de médicos selecionados de acordo com critérios de duvidosa adequação, face à menor relação entre a sua área de especialização e as temáticas mais associadas à resposta à pandemia. E, no entanto, houve trabalhos de

---

[32] Organização Pan-Americana da Saúde (OPAS)/OMS, *covid-19: An Informative Guide. Advice for Journalists*. Washington DC, Abril de 2020.

[33] Claro que existe também o risco, assinalado por Timothy Garton Ash, no *The Guardian*, de governos autoritários usarem este pretexto para comprimir ainda mais ou suprimir totalmente a liberdade da imprensa.

enorme qualidade produzidos por diversos especialistas e uma enorme mobilização de cientistas.

As sucessivas imagens das filas de ambulâncias em frente a hospitais, repetidas com uma cadência quase horária, tiveram seguramente o demérito de contribuir para aumentar a ansiedade, enquanto as invasões de enfermarias sobrecarregadas de doentes traduziram formas de desrespeito pela intimidade de pessoas incapacitadas de reagir em virtude da doença e de banalização desta.

As notícias, nunca confirmadas por fonte independente e competente, mas difundidas em horário nobre, sobre médicos que estariam a escolher entre quem deixavam morrer e quem permitiam que vivesse foram outra nota significante do modelo de comunicação que prevaleceu.

O cerco quase obsessivo aos lares e aos seus utentes deixou de ter o padrão da informação para se transformar num método de indução de sofrimento aos familiares de idosos institucionalizados e à comunidade de mulheres e homens compassivos e solidários.

As reacções dos consumidores de informação foram muito variáveis, traduzindo-se em alguns casos em aumentos de tiragens e de audiência ou no aparecimento de novas publicações e, noutros, em quebras de procura ou de audiência.

Mas muitos decidiram emigrar para plataformas como a *Netflix*, nas quais é possível não só encontrar programas ligeiros, mas até informação de excelente qualidade sobre a covid-19, como sucede, por exemplo, com os programas da *Vox Explaining*.

Numa «Carta Aberta às Televisões Generalistas Nacionais», subscrita por algumas dezenas de pessoas, entre as quais o autor deste livro, afirma-se designadamente:

> *Mesmo sabendo a importância da informação sobre a pandemia, não podemos aceitar o apontar incessante de culpados, os libelos acusatórios contra responsáveis do Governo e da DGS, as pseudo-notícias (que só contribuem para lançar o pânico) sobre o "caos"*

nos hospitais, a "catástrofe", a "ruptura" sempre anunciada, com a hipotética "escolha entre quem vive e quem morre", a sistemática invasão dos espaços hospitalares, incluindo enfermarias, a falta de respeito pela privacidade dos doentes, a ladainha dos números de infectados e mortos que acaba por os banalizar, o tempo de antena dado a falsos especialistas, as entrevistas feitas a pessoas que nada sabem do assunto, as imagens, repetidas até à náusea, de agulhas a serem espetadas em braços, ventiladores, filas de ambulâncias, médicos, enfermeiros e auxiliares em corredores e salas de hospitais. Para não falar das mesmas imagens repetidas constantemente ao longo dos telejornais do mesmo dia ou até de vários dias, ou da omnipresença de representantes das mesmas corporações profissionais, mais interessados em promoção pessoal do que em pedagogia da pandemia[34].

A perda de importância dos Códigos Éticos e dos provedores de leitores, a par com a total indiferença da entidade reguladora da comunicação social, criaram um deserto em que tudo era possível em matéria de cobertura abusiva da covid-19 pela comunicação social.

O problema não foi, no entanto, exclusivamente português. Olhando para os *media*, organizações internacionais ou *think tanks* estrangeiros, é fácil perceber que o debate foi muitas vezes generalizado e intenso e que nem sempre as tentativas de criar *guidelines* ou Códigos Deontológicos para a cobertura jornalística foram bem sucedidas.

Numa obra recente, já traduzida em português, o filósofo francês, Frédéric Lenoir[35], sublinha a importância de desenvolver actividades positivas e que permitam tolerar a dor com mais facilidade, comentando: «pelo contrário, passar horas a ver as — más — notícias, a ouvir a litania da contagem quotidiana dos mortos, a seguir reportagens alarmantes sobre os serviços hospitalares abarrotados, etc., só aumenta a nossa ansiedade e perturba o nosso equilíbrio

---

[34] *Público*, 23 de Fevereiro de 2021.

[35] *Viver num Mundo Imprevisível*. Lisboa: Quetzal, 2021.

químico e emocional. Não hesitei em afirmar, com uma ponta de provocação, em directo na BFMTV: "parem de ver continuamente imagens que criam ansiedade se querem sentir-se melhor"».

A comparação entre os conselhos aos jornalistas que cobrem a covid-19 inscritas nas *guidelines* da OCDE[36] e a prática da comunicação social, evidencia uma enorme disparidade.

Há obviamente quem, como Alejandro de la Garza[37], exprima uma perspetiva optimista sobre a acção da comunicação social no contexto da pandemia, sublinhando a sua importância para minorar o isolamento, para permitir um debate entre cientistas e uma ampla informação ao público. Não hesito, todavia, em afirmar que uma comunicação social mais rigorosa e focada no dever de informar com objetividade teria podido fazer muito mais para estimular os laços de solidariedade e coesão necessários ao enfrentamento da doença.

Paralelamente aos meios de comunicação convencionais, importa levar em consideração as redes sociais e a forma como influenciaram a vivência deste tempo. A generalização

---

[36] 1. Seja ético e responsável.

2. Seja socialmente responsável.

3. Abstenha-se de ser sensacionalista ou alarmista.

4. Comunique factos e informações verdadeiras sobre a pandemia e a resposta à covid-19.

5. Utilize fontes de informação fiáveis, cientificamente verdadeiras e verificadas.

6. Cite cientistas, investigadores, profissionais de saúde pública, académicos e especialistas de outras disciplinas que possam esclarecer as preocupações do público sobre a situação.

7. Relate com veracidade as medidas que ajudam a conter e/ou mitigar a propagação da doença.

8. Informe sobre os trabalhos realizados pelos profissionais de saúde e a sua situação, dado o seu papel crítico na resposta à pandemia.

9. Relate sobre pacientes em recuperação, comunidades a tomar medidas para combater a doença, ou países que têm abordagens exemplares.

[37] *Time*, 16 de Março de 2020.

do seu uso, potenciada pela facilidade de utilização, assim como o anonimato que muitos desses veículos viabilizam, permitiu-lhes, em variadas ocasiões, a antecipação na divulgação de informações científicas ou práticas, de grande utilidade, do mesmo modo que a divulgação de *fake news*, com elevado potencial de criação de pânico, não apenas injustificado como contrário aos interesses associados ao combate à pandemia.

Ainda que algumas plataformas, como o Facebook, tenham criado centros para travar a divulgação de notícias erradas e alarmistas, foi significativa a contribuição das redes para o pânico e a ansiedade geradas nas sociedades e para a difusão de teorias conspirativas.

3. COVID-19. UM CISNE NEGRO?

A teoria de que a eclosão da doença COVID 19 era imprevisível, um *cisne negro* — como são qualificados os acontecimentos inesperados que provocam impactos gigantescos —, não é rigorosa, uma vez que a generalidade dos especialistas com atividade nesta área tinha assinalado a aproximação de uma nova pandemia — *a doença X* — e a própria OMS não deixara de alertar para este risco.

Aliás, Nassim Nicholas Taleb, inventor da expressão, veio a público contestar a qualificação da pandemia como *cisne negro*, já que a crise era previsível e evitável, defendendo mesmo que aqueles que atribuíam essa natureza à covid-19 procuravam apenas justificar a sua própria falta de preparação[38].

Com toda a pertinência, o *Fórum Saúde para o Século XXI* reuniu um conjunto de textos sobre o título genérico de *Crónica de uma Pandemia Anunciada*.

---

[38] «Taleb Says 'White Swan' Coronavirus Was Preventable», *Bloomberg*, 31 de Março de 2020.

De facto, os jornalistas que cobriam a área da saúde vinham desde os anos 90 do século passado seguindo com especial preocupação as possibilidades de se vir a registar uma pandemia com as características da actual covid-19 e chamando a atenção para a forma como os poderes públicos pareciam não prestar atenção a estes alertas. Entre esses jornalistas estava Debora Mackenzie que publicou um excelente relato do que se passou, exprimindo o receio que se venha a repetir uma situação semelhante[39].

Também Bill Gates, em 2015, numa conferência TED e em declarações à VOX, falou do desastre mais previsível na história da raça humana, lançando um alerta nos seguintes termos[40]:

> *Olhem para o gráfico das mortes no século 20. Penso que todos diriam que deve haver um pico para a Primeira Guerra Mundial, e lá está ele, com cerca de 25 milhões de mortes. Tem de haver também um pico para a Segunda Guerra Mundial, que se vê facilmente, com cerca de 65 milhões de mortes. Mas depois há este outro pico que é tão grande como o da Segunda Guerra Mundial, logo a seguir à Primeira Guerra e muitos dirão 'o que foi isso?'*
>
> *Isso foi a Gripe Espanhola".*

Se Gates surge normalmente como a personalidade que melhor previu o que se viria a passar, importa não desvalorizar outros visionários. Entre eles está Fareed Zakaria que, a 25 de junho de 2017, no seu programa na CNN, afirmou[41]:

---

39 Vd. *Pandemic That Never Should Have Happened and How to Stop The Next One*. Londres: The Bridge Street Press, 2020.

40 Vd. Ezra Klein, «The most predictable disaster in the history of the human race. This is what Bill Gates is afraid of», VOX, 27 de Maio de 2015.

41 Citado na contracapa da edição portuguesa de *Dez Lições Para Um Mundo Pós-Pandemia*. Lisboa: Gradiva, 2020.

> *Uma das maiores ameaças que os Estados Unidos têm de enfrentar não é, de todo, grande. Na verdade, é minúscula, microscópica, dezenas de vezes mais pequena do que a cabeça de um alfinete. Agentes patogénicos mortíferos, quer produzidos pelo Homem quer naturais, podem desencadear uma crise de saúde global e (nós) não estamos nada preparados para lidar com isso. (...) As nossas cidades a abarrotar, as guerras, os desastres naturais e as viagens aéreas internacionais podem levar a que um vírus mortal com origem numa pequena aldeia em África seja transmitido e chegue a todo o mundo em apenas 24 horas. (...) A bio-segurança e as pandemias globais ultrapassam todas as fronteiras nacionais. Os agentes patogénicos, os vírus e as doenças são igualmente assassinos. Quando a crise estalar, vamos desejar ter mais fundos e uma maior cooperação global. Mas, nessa altura, talvez seja demasiado tarde.*

Pelas impressivas semelhanças com a realidade vivenciada com a covid-19 merece ainda referência e destaque *Contagion*, filme realizado por Steven Soderbergh e estreado no ano de 2011.

A OMS que em setembro de 2019 alertara para a possibilidade de surgimento de uma doença deste tipo — revelando capacidade de previsão — acabou por assumir uma posição ambígua, partilhada entre as obrigações resultantes do seu estatuto, a importância e repercussão universal das suas decisões e o crónico subfinanciamento e falta de meios. No final de Janeiro de 2020, quando já tinham surgido casos em cinco continentes, a OMS limitou-se a declarar: "*este surto constitui uma Emergência de Saúde Pública de Importância Internacional*". Só a 11 de março de 2020, quando o número de mortos e infectados era já muito elevado é que foi declarada a natureza de pandemia da covid-19. Nessa data o Director-Geral veio a público fazer essa comunicação, dando nota de que a OMS estava «profundamente preocupada com os níveis alarmantes de contágio e de falta de acção» e frisando que a expressão pandemia «não é usada de forma fácil ou sem cuidados.» Justificou, assim, a demora na declaração com a ideia de que o termo pandemia «se for usado erroneamente pode causar medo e desistência de lutar contra o vírus levando a sofrimentos e mortes desnecessárias», assinalando ainda que declaração de pandemia não mudava «a avaliação da OMS sobre a ameaça ou aquilo que a agência tem feito e que os países devem fazer» para vencer a covid-19.

É certo que a declaração de pandemia, que apenas pode ser feita pela OMS, não alterando fundamentalmente os termos do problema, ajuda a criar um ambiente de cooperação internacional e a reforçar os meios de prevenção — tão mais importante quanto não existe uma organização internacional para coordenar esse esforço.

Num mundo razoável, dominado por critérios de racionalidade e solidariedade, os primeiros alertas deveriam ter dado origem, de imediato, ao reforço dos recursos afectos ao sector da saúde, área em que nos últimos anos se assistira a um desinvestimento generalizado, com pesadas consequências em termos de fragilização das condições de saúde das populações e de perdas de vidas.

Constantino Sakellarides recorda, aliás, que o *British Medical Journal* revelara que, no Reino Unido, bem antes da pandemia, mas em tempos de austeridade, entre 2010 e 2015 as mortes imputáveis ao desinvestimento no Serviço Nacional de Saúde tinham aumentado em 120.000 com especial impacto nas classes mais desfavorecidas e fragilizadas[42].

Em Portugal é conhecido o desinvestimento no serviço nacional de saúde, abrindo caminho à prosperidade de um sector privado, anteriormente incipiente.

A recordação de que os cortes de despesa na área da saúde ficaram a dever-se particularmente à crise financeira de 2008 e ao processo de austeridade que se seguiria é uma realidade amarga que exibe a insensibilidade da designada *troika* e dos seus aliados nacionais, bem assim como a sua incapacidade de prevenir os resultados das políticas que decidiram implementar.

---

[42] Conferência IDEFF/Instituto Europeu/CGD, cit.

A estrutura organizativa do Sistema Público de saúde torna difícil precisar valores mas, de acordo com dados recolhidos por Eugénio Rosa[43] no período 2015/2021 (o mesmo aconteceu no período 2011/2015), as transferências do Orçamento do Estado para o SNS têm sido, em todos os anos, muito inferiores à despesa total do SNS. No período compreendido entre 2015 e 2021 a despesa total do SNS soma 71.617 milhões de euros, e as transferências do Orçamento do Estado para o SNS somam apenas 63.666 milhões, ou seja, menos 7.915 milhões. Em 2019, até Novembro, o saldo negativo atingiu 654 milhões de euros, segundo o Ministério das Finanças e, em 2020, o SNS apresentou também um saldo negativo de 218 milhões de euros.

Pelo menos a partir de Março de 2020, os recursos afectos ao combate a nível nacional e internacional deveriam ter sido muito maiores.

Independentemente disso e sendo indiscutível que a intervenção pública é necessária e decisiva, não se pode ignorar que, como escreve Paulo Santos, «parar a epidemia é assim uma responsabilidade cívica de cidadania em que cada um assume a utilização das medidas de proteção individual como forma de quebrar a cadeia de transmissão, como aliás foi feito, por exemplo, na epidemia do VIH/SIDA desde os anos 80»[44].

Uma intervenção pública desacompanhada desta dimensão de compromisso e responsabilidade individual e de grupo não permite assegurar a qualidade dos resultados.

4. O NOSSO MAIS ANTIGO E MORTAL INIMIGO

A ocorrência de pandemias não é um fenómeno novo. Não podemos assim esquecer que elas são «o nosso mais

---

[43] In *Tornado*, 16 de Março de 2021.

[44] Paulo Santos, «Testar, Testar, Testar!», *Fórum Saúde para o Século XXI*, 2 de Abril de 2020.

antigo e mortal inimigo», como sublinharam Marcia C. Inhorn e Peter J. Brown[45].

Importa desta forma realçar o carácter intrinsecamente social das pandemias. A afinidade recíproca entre surtos virais e desordem social é de tal maneira que, em muitas partes do mundo, as palavras que traduzimos como «peste» podem ser usadas para descrever toda uma série de males que afectam a comunidade como um todo e que ameaçam a própria existência da vida social. Se lermos os textos da Antiguidade sobre o tema, vemos que não existia verdadeiramente uma distinção entre a componente social e médica destas doenças. As suas aparições nos textos épicos de Homero, nas tragédias de Sófocles, nos relatos históricos de Tucídides ou nos poemas filosóficos de Lucrécio fazem-se através do vocabulário usado para descrever fomes, guerras e calamidades em geral.

Longe de serem eventos aleatórios que afectam sociedades caprichosamente e sem aviso, estas doenças evoluem de uma forma precisa, reflectindo as particularidades estruturais das sociedades afectadas e iluminando as suas configurações, os seus padrões de vida e as suas prioridades políticas.

Se, por um lado, as pandemias funcionam como um espelho que nos permite diagnosticar melhor as vulnerabilidades dos ecossistemas que habitamos e criamos, têm, por outro, um papel activo crucial, de forma directa e indirecta, em toda uma série de importantes momentos históricos. As doenças infecciosas são de longe a maior causa de mortalidade ao longo da história, bem para lá de guerras, acidentes ou doenças crónicas. A capacidade destrutiva destes surtos leva naturalmente ao enfraquecimento das ordens vigentes nas sociedades em questão, pondo em causa as hierarquias sociais e as autoridades políticas e religiosas.

---

[45] «The Anthropology of Infectious Diseases», *Annual Review of Anthropology*, Vol. 19, Outubro de 1990

Foram determinantes para o desenlace de muitas guerras, catalisaram o começo de outras, acentuaram antagonismos latentes no tecido social e geraram transformações substanciais na produção artística e cultural. Pode-se dizer que não terá havido nenhuma dimensão da vida humana que as epidemias não tenham afectado de forma profunda.

O registo mais antigo de uma epidemia é o da Praga de Atenas, ocorrido entre 430 e 427 a.C., durante a guerra do Peloponeso. Estima-se que tenham morrido 100.000 atenienses, cerca de dois terços da população total. À redução drástica do corpo militar juntou-se um declínio acentuado no vigor político e na moral dos combatentes que terá contribuído fortemente para a derrota na guerra contra Esparta, iniciando assim o declínio da influência de Atenas na Grécia Antiga[46].

Para lá do papel nocivo que teve sobre o resultado da guerra, a doença veio também afectar de forma considerável a harmonia interna da cidade. A atitude dos atenienses para com os residentes estrangeiros, até lá aberta e acolhedora, ao contrário de outros estados gregos, tornou-se extremamente hostil a seguir à epidemia. Esta tendência para canalizar os efeitos da calamidade para um grupo em forma de bode expiatório, ver-se-á infelizmente repetida ao longo da história. Aliás, impressiona ler um texto que, alguns séculos mais tarde, viria a descrever este fenómeno de uma maneira assustadoramente explícita. O sofista grego Filóstrato, numa biografia em que narra os muitos milagres atribuídos ao filósofo vagabundo Apolónio de Tiana, descreve um, em particular, que começa com Apolónio a ser ignorado pelos cidadãos de Éfeso após este os ter alertado para o surgimento de uma pandemia no futuro próximo[47]:

---

[46] Javier Martinez, «Political consequences of the Plague of Athens», in *Graeco-Latina Brunensia*, 2017.

[47] Filóstrato, *A Vida de Apolónio de Tiana*, escrito durante o século III.

(...) mas quando a peste começou a assolar Éfeso, e nenhum remédio chegava para controlá-la, enviaram um emissário até Apolónio, pedindo-lhe que viesse à cidade ajudá-los; e ele pensou que não deveria adiar a viagem e disse «vamos então».

Num instante chegou a Éfeso, realizando a mesma proeza que Pitágoras, creio, que esteve em Thuri e Metapontum ao mesmo tempo. Reuniu então os Efésios e disse: «Tende coragem, pois hoje porei um fim a esta doença».

E com estas palavras levou toda a população ao teatro, onde estava o que parecia ser um velho mendicante cego que trazia consigo uma côdea de pão; estava vestido com trapos e tinha um aspecto esquálido. Apolónio pôs então os Efésios à sua volta e disse: «Peguem em todas as pedras que conseguirem e atirem-nas a este inimigo dos deuses».

Os Efésios perguntaram-se o que é que ele queria dizer com isso, e estavam chocados com a ideia de assassinar um estranho tão manifestamente miserável; pois ele estava a implorar e a rezar para que tivessem piedade dele. No entanto, Apolónio insistiu e mandou os Efésios atacarem-no sem nunca o largar. Assim que alguns deles começaram a disparar e a atingi-lo com as suas pedras, o mendigo que parecia ser cego, deu-lhes a todos um olhar repentino e os seus olhos estavam cheios de fogo. Então os Efésios reconheceram que ele era um demónio, e apedrejaram-no tão profundamente que as suas pedras foram amontoadas num grande moledro à sua volta.

A infeliz verdade é que em momentos de instabilidade social não faltam exemplos como este em que a causa de todos os males acaba por convergir num grupo vulnerável. As epidemias tendem a exacerbar opressões políticas e trazer ao de cima discriminações até aí latentes.

Não é difícil lembrarmo-nos da forma como o Presidente Donald Trump e os seus aliados recorreram muitas vezes a uma retórica anti-chinesa em reacção a esta nova crise pandémica, o que levou a um crescimento galopante de crimes de ódio contra a população asiática nos Estados Unidos[48].

---

[48] «Covid "hate crimes" against Asian Americans on rise», *BBC*, 5 de Maio de 2021.

Reacções parecidas ocorreram em todo mundo, como por exemplo na Índia, onde a população muçulmana tem vindo a ser culpabilizada pela pandemia[49], ou na Malásia onde se fizeram detenções em massa de imigrantes e refugiados[50].

A história recente está repleta de exemplos parecidos, com nota particular para o aparecimento da SIDA durante os anos 80, em que se assistiu a um aumento brutal da violência contra os homossexuais e se ouviam fundamentalistas influentes, como Pat Robertson, dizer que a SIDA era um castigo divino causado pela homossexualidade, contribuindo assim para travar o progresso que vinha a ser feito na aceitação das diferentes orientações sexuais e também, para a morte desnecessária de centenas de milhares de pessoas.

Já no princípio do século XX, os residentes de Chinatown, em São Francisco, foram atacados e acusados de espalhar e ocultar a peste bubónica que começava a afetar o país, enquanto uns anos antes a causa da cólera em Nova Iorque tinha sido atribuída por muitos à população judaica da Europa do Leste.

Outra forma parecida e recorrente de responder a novos surtos consiste na recusa da aceitação da realidade da pandemia e na atribuição de culpas àqueles que tentam alertar para a gravidade da situação, através da criação de elaboradas teorias conspirativas. Estaríamos errados se achássemos que este era um fenómeno particular do nosso século XXI, da «era da pós-verdade». Em 1832, quando os médicos em Liverpool tentaram alertar para um surto de cólera que começava a aparecer, milhares de pessoas, trabalhadores e camponeses, organizaram um motim e atacaram o hospital da cidade, «libertando» os doentes do suposto campo de morte hospitalar, organizado pelas elites como

---

[49] «Blamed For Coronavirus Outbreak, Muslims In India Come Under Attack», *NPR,* 23 de Abril de 2020.

[50] «Malaysia 's Coronavírus Scapegoats», *Foreign Policy,* 19 de Junho de 2020.

uma forma de controlo populacional malthusiano, com a participação de médicos, farmacêuticos, enfermeiros e oficiais do Governo[51].

No ano seguinte, registaram-se 72 motins nas cidades de Inglaterra, atacando médicos e destruindo hospitais. Estranhamente, a mesma conspiração registou-se por todo o mundo e, especialmente na Itália e na Rússia, dezenas de violentas insurgências juntaram milhares de revoltosos, incendiando hospitais e câmaras municipais, e matando membros do governo, médicos e enfermeiros. Estas revoltas vir-se-iam a repetir bem depois do mistério inicial à volta da doença, até ao início do século XX, durante a última grande epidemia de 1918[52].

Se formos mais atrás no tempo, encontramos o mesmo tipo de reacções durante a Peste Negra, em que o anti-semitismo generalizado levou a que os judeus fossem sistematicamente acusados de espalhar a doença de forma propositada. Apesar do esforço de algumas autoridades civis e eclesiásticas para proteger os residentes judeus, milhares foram perseguidos e massacrados por toda a Europa. Em Portugal, fica na memória o Massacre de Lisboa, em 1506, no qual uma multidão, incitada for frades dominicanos que prometiam absolvição dos pecados para quem matasse os «hereges», perseguiu e matou mais de 4.000 judeus em menos de três dias.

Isto seria apenas uma das muitas reacções à destruição sem precedentes causada por uma peste que foi assolando a população global, sob a forma de surtos recorrentes durante mais de quatro séculos. Esta epidemia de peste bubónica, iniciada em 1347 na Ásia Central, espalhou-se rapidamente pela Europa, como consequência da falta de saneamento, e dizimou entre 25 e 75 milhões de pessoas,

---

[51] Samuel Cohn, «Plague and Prejudice», in *History Today*, Vol. 66, Março de 2016.

[52] *The New York Times,* 29 de Agosto de 1910, primeira página.

sendo assim considerada uma das maiores pandemias da história da civilização.

Não será exagerado dizer que a Peste Negra representou um ponto de viragem fulcral na história europeia, em todos os sentidos. A acção indiscriminada da doença levou, por exemplo, a uma reconfiguração do pensamento religioso, face ao amontoar de corpos e a incapacidade da Igreja para responder a uma situação tão dramática.

Os temas da morte e da natureza transitória da vida tornaram-se centrais na consciência artística da altura (pensemos, por exemplo, na alegoria tão usada da *Danse Macabre*), e muitas das obras que ficaram até aos dias de hoje, desde os poemas de Chaucer e Boccaccio aos quadros de Pieter Bruegel, centram-se na peste e no caos social que ela criou. A perda massiva de população levou a uma quebra da continuidade intelectual e muitas das ideias e convenções iconográficas cimentadas durante séculos e passadas de geração em geração de forma monolítica viram-se enfraquecidas, abrindo assim espaço para um desenvolvimento de ideias mais fragmentado, promovendo nomeadamente o uso do vernáculo na produção cultural e intelectual e fomentando um interesse crescente em reavivar modelos da Antiguidade.

Esta transformação cultural está, como é claro, intimamente ligada à profunda reestruturação das condições materiais e dos padrões demográficos causados pela pandemia. Assistiu-se, por exemplo, a uma deserção progressiva das zonas rurais, com os sobreviventes a trocarem terras inferiores e periféricas pela cidade, atraídos por infra-estruturas fixas perto de rios e costas e pelas novas casas desocupadas dos mais ricos. Para esses camponeses, havia um novo padrão de vida e uma posição social impensável até aí.

Num artigo de 2007, Sevket Pamuk, historiador económico da London School of Economics, escreveu que a peste empurrou toda a estrutura salarial e preparou o terreno para as tumultuosas guerras laborais da Revolução

Industrial[53]. Em Inglaterra e França, os trabalhadores e artesãos têxteis conseguiram horários mais curtos e triplicaram o salário anterior à peste. De forma a responder a estas alterações económicas, muitas autoridades a nível local e nacional tentaram regulamentar as remunerações, os preços e a mobilidade dos trabalhadores, o que apenas serviu para exacerbar as tensões políticas e económicas que vinham a crescer, despoletando, por exemplo, a Revolta dos Camponeses de 1381 em Inglaterra. Apesar de não haver um consenso, não são poucos os que defendem que o Renascimento e a Reforma Protesante devem muito do seu surgimento às mudanças demográficas, à agitação intelectual e às questões levantadas pela peste. Barbara Tuchman, no seu livro *A Distant Mirror: The Calamitous 14th Century*, resume as consequências da pandemia como «o fim da idade da submissão», concluindo que «nessa medida, a Peste Negra pode ter sido o início não reconhecido do homem moderno».

Esta não foi a primeira vez que uma pandemia contribuiu para o fim de um época civilizacional. No que toca aos anos finais do Império Romano, muito se fala dos seus inimigos externos — os Hunos, os Godos e os Visigodos — mas havia um outro inimigo contra o qual se tiveram de defender, um inimigo interno, uma pequena criatura quase invisível a olho nu. Segundo algumas estimativas, a bactéria da peste viria a matar quase 50 milhões de pessoas, isto é, mais de metade da população europeia. O primeiro surto ocorreu em 541, e regressou em 18 vagas até 750. O imperador Justiniano, ao qual é dado o nome da peste, não conseguiu lidar com a enorme queda demográfica e com a crise económica que se lhe seguiu, contribuindo assim para a progressiva perda do controlo das terras do Mediterrâneo e, subsequentemente, para o fim do Império.

---

[53] Sevket Pamuk: «The Black Death and the origins of the "Great Divergence" across Europe, 1300-1600», *European Review of Economic History*, Vol. 11, n.º 3.

Antes disso, os romanos já tinham sido vítimas de duas importantes epidemias: a peste de Antonino em 155 d.C e a peste de Cipriano em 250 d.C[54]. Suspeita-se que a primeira tenha sido um surto de varíola, que acabou por causar a morte de entre 5 a 10 milhões de pessoas. A segunda, que se crê ter sido uma febre hemorrágica viral, propagou-se durante a chamada «Crise do terceiro século», um período caracterizado por sucessivas invasões e ataques às fronteiras imperiais pelas tribos bárbaras e por um exponencial aumento das tributações para arcar com os altos custos da manutenção do exército imperial. Foi também uma altura de tensões fortes entre os imperadores Romanos e as comunidades cristãs emergentes. Sob a liderança do imperador Décio, os romanos reforçaram os seus ataques aos cristãos, que viam como responsáveis pela crise. No entanto, dado o cenário apocalíptico e os cuidados que muitos cristãos prestaram em resposta à pandemia, não foram poucos os que se converteram. Estima-se, desse modo, que a Peste de Cipriano tenha sido um importante factor que levou à ampla conversão dos romanos ao cristianismo durante o século III[55].

Não podemos, no entanto, falar do choque entre surtos epidémicos e ordens civilizacionais sem mencionar a série de eventos que se iriam suceder à primeira chegada de Cristóvão Colombo à América em 1492. Durante esta altura, a varíola e o sarampo já se tinham tornado doenças endémicas à população europeia, mas eram totalmente inexistentes no continente americano. A introdução destas doenças, em conjunção com uma violenta intervenção europeia, acabou por conduzir a drásticas transformações culturais, económicas, políticas e sociais nas sociedades indígenas por toda a América. A devastação foi particularmente notável na

---

[54] Se estas pandemias são as mais lembradas pelos historiadores modernos, é de notar também que na *História de Roma* do historiador romano Tito Lívio, escrito no século I d.C, o autor regista a ocorrência de 57 epidemias.

[55] George C. Kohn, *Encyclopedia of Plague and Pestilence: From Ancient Times to the Present.* Nova Iorque: Facts on File, 3.ªed., 2008.

América Latina, onde o contacto com exploradores espanhóis e portugueses devastou populações inteiras em poucos anos. Os historiadores estimam que mais de 90% da população nas Américas terá sido dizimada durante as primeiras décadas a seguir ao chamado Intercâmbio Colombiano. O império Asteca, por exemplo, foi totalmente destruído com a chegada da varíola em 1520.

O historiador Frank M. Snowden, no seu livro *Epidemics and Society. From the Black Death to the Present*[56], aponta também para o caso interessante da Febre Amarela que catalisou a revolução dos escravos no Haiti, liderada por Toussaint Louverture, levando à eliminação da escravatura e à independência do país em 1804. A primeira rebelião terá ocorrido em 1791, resultado de uma agitação crescente originada pela Revolução Francesa, mergulhando assim a colónia numa guerra civil. Em 1801, Napoleão enviou uma grande força expedicionária de soldados franceses e navios de guerra para a ilha, liderados pelo seu cunhado, Charles Leclerc, para restabelecer o domínio francês. No entanto, foram imediatamente atingidos pela febre amarela que matou Leclerc e outros milhares de soldados, ao passo que os colonizados, originários maioritariamente de África tinham imunidade, o que lhes concedeu uma fácil vitória e a subsequente independência.

A derrota acabou por ter consequências também do ponto de vista dos Estados Unidos, pois levou Napoleão a decidir abandonar as suas ambições de expansão do poder francês no Novo Mundo, acordando assim com Thomas Jefferson, em 1803, a Compra da Louisiana, o que duplicou o tamanho dos Estados Unidos.

Esta não seria a única vez que os sonhos expansionistas do imperador francês iriam falhar devido a doenças infecciosas. Em 1812, a maior força militar alguma vez reunida até essa data, a chamada *Grande Armée*, com mais de 500.000 soldados, invadiu a Rússia mas foi rapidamente desfeita pela disenteria e pelo tifo.

---

[56] Yale University Press, 2019.

Se por um lado, com o tempo e com a evolução da medicina, fomos percebendo melhor as características destas doenças e criando condições hospitalares mais propícias a um combate efetivo, por outro lado, a progressiva urbanização e complexificação das sociedades trouxeram consigo o risco de pandemias cada vez mais destrutivas.

A proliferação do comércio internacional e as constantes migrações foram determinantes, por exemplo, para a pandemia global da cólera durante todo o século XIX.

O reconhecimento deste problema terá motivado as primeiras reuniões internacionais de saúde, tratados e organizações que ocorreram no final do século XIX e princípio do século XX. Infelizmente, alguns anos a seguir, o mundo todo viria a ser vítima da maior pandemia alguma vez registrada na história humana. A proliferação sem precedentes da Gripe Espanhola de 1918, muito facilitada pelos fluxos militares internacionais e pelo caos causado pela Primeira Guerra, fez com que se tornasse rapidamente num evento global a que nenhum sítio no mundo se viu poupado. A pandemia viria a matar bem mais pessoas que a guerra que a precedeu, com estimativas que vão até aos 100 milhões de mortes. Estima-se que um terço da população mundial terá sido infectada no período de um ano.

A aparição e transmissão de doenças epidémicas está assim totalmente interconectada com o comércio global, as migrações, o militarismo e as relações internacionais.

Se é verdade que o comércio e a interdependência internacional são realidades antigas, a globalização actual é excepcional, dada a integração sem precedentes dos mercados e do papel cada vez mais importante de empresas multinacionais e de instituições financeiras internacionais na definição das políticas sociais, sendo evidente que as políticas internacionais de saúde têm sido progressivamente dominadas por um paradigma de mercado que promove a privatização.

Tanto para doenças novas como para doenças reemergentes, a privatização e o desmantelamento de formas de protecção social, a partir dos anos 70, aumentou a vulnerabilidade dos grupos marginalizados. Nos anos 90, por exemplo, um cargueiro vindo da China trouxe consigo água infectada com cólera até à costa do Peru, levando a um ressurgimento da cólera na América do Sul. A bactéria espalhou-se então rapidamente pelas favelas sobre-populadas. Cortes governamentais na saúde pública e nas infra-estruturas — impostos pelo FMI e pelo Banco Mundial a partir da década de 1980 em resposta à crise da dívida na América do Sul — permitiu a propagação descontrolada da doença, matando milhares de pessoas no Peru e em países vizinhos.

Em outras áreas do mundo, o desmatamento, a agricultura e a expansão urbana permitiram que doenças como a dengue, a malária e o vírus do Nilo Ocidental (todos disseminados através de mosquitos) se espalhassem em habitats humanos.

Se para vários ambientalistas, o aumento do risco de aparecimento de novos vírus se deve ao aumento da população em todo o mundo, a Campanha pela Natureza do *National Geographic* defende também que haverá no futuro mais doenças como a covid-19 como consequência de vários factores como a contínua desflorestação e a conversão de animais selvagens em animais de estimação, em alimentos ou em medicamentos.

Muitos investigadores realçam a necessidade de serem tomada de medidas urgentes e da criação de novos regulamentos a fim de protegermos o nosso planeta.

A junção de cientistas e investigadores dos mais variados países em torno da criação de vacinas e a rapidez com que foram produzidas em resposta a esta nova pandemia foi um facto extremamente positivo, assim como o foi o apoio público à investigação.

Mas, no interior dos Estados, a utilização da pandemia como arma de arremesso político, com partidos a radicalizarem posições contra os governos nacionais em torno das políticas seguidas, não deixou de se ver sentir.

E foi, naturalmente, grave o aparecimento dos movimentos negacionistas muito inflacionados por dirigentes políticos como Trump e Bolsonaro.

Nos Estados Unidos, onde as mortes já ultrapassaram mais de quinhentos mil casos, Anthony Fauci, que se tornou um dos importantes rostos da luta contra a pandemia, recordou numa entrevista à Reuters que este número — que não seria expectável num país com o nível de riqueza dos Estados Unidos —, se registou enquanto a população estava destroçada por divisões políticas, e que até o uso de máscaras se transformou em indicação de orientação política, em vez de medida de saúde pública.

De resto, décadas de políticas erradas que a Administração Trump exacerbou, tinham já resultado em mais de 461.000 mortes inúteis em 2018, segundo um relatório publicado por uma comissão de especialistas na área da saúde por iniciativa do jornal médico britânico *The Lancet*[57].

No mesmo Relatório apontam-se as razões essenciais que conduziram a esse resultados, muitas com origem nas administrações Clinton, Reagan e Bush: politização e desprezo pela ciência, ódios raciais, políticas contra os emigrantes, redução da cobertura de saúde, diminuição dos programas de assistência alimentar, diminuição de apoios financeiros, desvio de recursos para o sector militar ou para a diminuição da tributação das classe mais favorecidas, aumento das disparidades entre a população branca e negra nos domínios da habitação, educação rendimento e policiamento, aumento dos encarceramentos relacionados com o consumo de droga, desindustrialização, reforço da independência dos mercados farmacêuticos e aumento dos preços de medicamentos e manutenção de grande número de cidadãos sem qualquer forma de protecção sanitária,

[57] «Health in the Trump Era», disponível em https://www.thelancet.com/infographics/trump.

apesar do *Affordable Care Act* promovido pelo presidente de Barack Obama.

Feito este percurso saliente-se que a pandemia está longe de ser um dado novo na economia mundial, que o seu aparecimento era previsível e teria exigido outro tipo de preparação, ao mesmo tempo que devemos criar as condições para quando for ultrapassada esta pandemia estarmos preparados para a que se lhe venha a suceder, assim como os militares estão preparados para uma guerra previsível ou imprevisível.

Mesmo que não existam diferenças significativas entre a epidemia e a pandemia, à segunda está normalmente ligado um grau de alarme social que pode lançar pânico excessivo, como referiu o Director Geral da OMS.

De facto, a este propósito é invocada com frequência a declaração da pandemia da gripe suína em 2009 que esteve na origem de uma reação excessiva, com gastos muito elevados e desnecessários e a multiplicação de vacinas inúteis.

Se é certo que haverá sempre uma margem de hesitação entre os dois conceitos, é necessário que se defina um critério razoável e que a declaração fique a cargo de uma única entidade internacional a qual não pode deixar de ser a OMS que necessita, no entanto, de um significativo reforço de meios e poderes.

O critério essencial que está a ser seguido prende-se com o aparecimento de uma nova doença e não com a alteração de uma já existente ou com uma expansão à volta do mundo que não seria expectável.

A esta dimensão geográfica é, ainda, necessário que se junte um componente de transmissão da doença nas diversas comunidades.

Os inconvenientes da declaração de pandemia são contrabalançados pela maior cautela que induz nas populações alvo potencial da doença e pela maior facilidade com que se poderá organizar uma reação à escala mundial devidamente coordenada.

Num prefácio à *Encyclopedia of Pestilence, Pandemics, and Plagues*[58], editada por Joseph P. Byrne, *em 2008* muitos anos antes desta nova pandemia, o agora muito mediático Anthony Fauci relembra-nos o seguinte:

> *As pestes, epidemias e pragas sempre estiveram entre os maiores desafios à continuação da existência humana. Ao aprendermos sobre eles aprendemos sobre quem somos e sobre a nossa história humana, e estabelecemos ligações ao longo de milénios que reforçam a nossa identidade, o nosso património, e a nossa experiência humana partilhada. Quanto mais aprendemos sobre as doenças infecciosas emergentes, mais compreendemos o quão mortal e persistente é e continuará a ser o desafio, e melhor seremos capazes de responder aos desafios futuros que o mundo dos micróbios certamente nos irá apresentar.*

5. VACINAS: *THE DIFFICULT ROAD TO SALVATION*?

No mundo das epidemias, as vacinas revelaram decisivas para mitigar os efeitos ou até extinguir a doença. O seu aparecimento tem já alguns séculos, sendo Edward Jenner considerado o precursor, com a vacina contra a varíola aplicada pela primeira vez em 1796 e desenvolvida a partir de 1798. A sua utilização maciça nos séculos seguintes, conduziria à erradicação global em 1979.

Louis Pasteur tem um papel decisivo nesta área nos finais do século XIX, e a primeira metade do século XX seria marcada pela proliferação de vacinas, como a BCG, ainda aplicadas nos nossos dias.

O processo de vacinação permitiu salvar milhões de vidas e tornou-se um factor de esperança no mundo sanitário. Só o avanço tecnológico viria, no entanto, a permitir um maior sucesso na prevenção de doenças, permitindo, designadamente reduzir drasticamente os prazos de desenvolvimento e experimentação de novos produtos que, ante-

[58] Westport, Connecticut-Londres: Greenwood Press, 2008.

riormente, implicavam por regra dez anos, o que contribuiu para que nunca ocupassem um papel central na actividade das farmacêuticas.

Deste ponto de vista, as vacinas contra a covid-19 constituíram uma verdadeira revolução, começando a ser produzidas num prazo de oito meses após o aparecimento da pandemia. Não foi alheia à revolução a que se assistiu no campo da investigação e produção de vacinas o enorme apoio financeiro público às empresas farmacêuticas, bem como a percepção destas de que poderiam obter lucros muito avultados, considerando a extensão da doença.

Porém, a cooperação no plano financeiro não se veio a traduzir numa colaboração integral, como o atestam a falta de acordo quanto aos preços a praticar ou, o cumprimento dos prazos de entrega das vacinas, revelando bem a assimetria de poder entre as agências farmacêuticas, os Estados e a União Europeia, com aquelas a sobreporem-se a estes.

Importa, também, sublinhar as diferenças substanciais de preços, com a AstraZeneca e a Johnson & Johnson a comprometerem-se com valores baixos (3-4 dólares) no auge da pandemia e a Pfizer a ultrapassar os vinte dólares.

O ostensivo incumprimento de várias das farmacêuticas, que tinham beneficiado de um amplo apoio público e violaram os termos acordados, nomeadamente com a Comissão Europeia, veio ensombrar o processo de vacinação, prejudicado também por episódios como as suspeitas sobre a segurança da AstraZeneca e, logo de seguida, da Johnson & Johnson.

Estes incidentes, ocorridos num contexto em que setores minoritários questionavam já a vacinação, vieram causar ainda mais desconfiança e retardar um processo que se impunha que fosse urgente.

O sobrecarregado terreno de investigação e produção de vacinas contra a covid-19 originou o aparecimento de dois grupos, que partem de princípios radicalmente diferentes:

A vacina Oxford/AstraZeneca baseia-se numa abordagem amplamente testada, na qual as culturas celulares fabricadas em laboratório são produzidas em grandes biorreatores — um pouco à semelhança do fabrico de cerveja.

A segunda técnica, usada mais recentemente para criar vacinas de mRNA como as da Pfizer e da Moderna, envolve a produção em laboratório de material genético (RNA mensageiro) ligado à criação de proteínas específicas, que é depois combinado com enzimas e nucleotídeos antes de serem embalados em pequenas bolhas gordurosas.

Cada uma destas técnicas tem os seus próprios problemas no que toca à produção em massa.

Aranda da Silva explica bem a forma como a sub-produção de vacinas foi um desiderato das farmacêuticas e o modo como os Governos não impuseram um reforço da produção, feito através do estabelecimento de acordos para utilização de espaços disponíveis de marcas não produtoras, indo até à possibilidade de impor a partilha das patentes, única forma de garantir a necessária vacinação global[59].

Aranda da Silva lançou, aliás, em Abril de 2021, um apelo crítico da União Europeia, em que se pode ler:

> *Existem na Europa cerca de oitenta fábricas de vacinas e, de acordo com sítio na internet vaccineseurope.eu, que agrupa diversos produtores de vacinas, em 2019 eram aqui produzidas para o mercado mundial 76% das vacinas (13% eram produzidas nos Estados Unidos, 8% na Ásia e 3% no resto do mundo).*
>
> *Perante estes dados, é incompreensível a falta de vacinas hoje observadas em Portugal e na Europa, que colocaram os cidadãos europeus em situação de subalternidade em relação aos produtores de vacinas.*
>
> *Os argumentos avançados pela Comissão Europeia relativamente à natureza dos contratos, à capacidade de produção existente e aos preços acordados não são aceitáveis.*
>
> *É indispensável que a Comissão Europeia seja capaz de demonstrar cabalmente e definitivamente a sua capacidade de superar os*

---

59 Entrevista ao jornal *Sol*, de 21 de Março de 2021.

interesses financeiros e industriais sob a proteção de Estados Membros mais influentes, a favor do bem-estar das populações europeias.

Numa altura em que a presidência rotativa da União Europeia incumbe a Portugal, é urgente que os cidadãos portugueses tomem uma posição firme sobre uma matéria tão significativa para o presente e futuro dos europeus.

Em casos tipificados como de «catástrofe», a legislação europeia e nacional permite que os estados-membros evoquem «motivos de interesse público» e de «primordial importância para a saúde pública ou para a defesa nacional» para adotarem medidas que obriguem à produção de vacinas em locais que não sejam as fábricas detentoras da patente.

O Diretor-Geral da Organização Mundial da Saúde dizia no passado mês de fevereiro «que perante a situação de catástrofe devíamos usar todas as ferramentas para aumentar a produção, incluindo o licenciamento e a transferência de tecnologia e isenções de propriedade industrial. Se não é agora é quando?».

Nos últimos anos, os Estados Unidos utilizaram várias vezes essa prerrogativa.

Perante a catástrofe que estamos a viver, e perante a trágica insuficiência da resposta europeia, os cidadãos apelam a que sejam tomadas, com urgência, medidas capazes de proteger a saúde das populações. Essas medidas exigem a partilha transparente de informação, a utilização de legislação que foi prevista para situações de catástrofe e a mobilização de recursos e capacidades produtivas.

É agora a altura para a Comissão Europeia publicar os locais de produção de vacinas existentes na União, dando a conhecer a sua capacidade produtiva, o número de vacinas produzidas desde Novembro de 2020 e o seu destino.

É agora a altura para invocar a legislação europeia sobre propriedade industrial para permitir a produção em fábricas de diversos laboratórios que estão disponíveis, em vários Estados-membros.

É agora o momento certo para que as vacinas sejam consideradas como um bem de interesse comum, cuja produção tem de ser controlada e alargada utilizando todos os processos para que a população seja rapidamente vacinada até ao verão.

As actuais dificuldades com a vacinação são bastante reveladoras da inexistência de uma entidade supranacional com capacidade financeira e poder político para assegurar um diálogo justo e equitativo entre os poderes públicos e a indústria farmacêutica.

Conquanto não sejam totalmente claros os termos de acordos como o da União Europeia com as farmacêuticas, parece haver indícios de que, uma vez concluída a investigação, os laboratórios iniciaram uma corrida para maximizar os proveitos, subalternizando os compromissos assumidos.

A União Europeia e os Estados que efectuaram compras antecipadas, cometeram um erro grave e violador dos princípios da transparência inerentes às democracias políticas, ao não revelarem os termos exactos dos contratos celebrados, os valores envolvidos e as formas previstas para assegurar o cumprimento dos contratos. A pressão das opiniões públicas teria, provavelmente, limitado os co-contratantes na sua decisão de incumprir.

A questão é tanto mais importante quanto o poder negocial das farmacêuticas é muito forte e o mercado das vacinas, que até agora não era comercialmente interessante pelo longo prazo de investigação e pelo reduzido significado numérico das unidades vendidas, passou a sê-lo.

O aumento brutal da procura ao nível global gerou uma verdadeira corrida à produção de vacinas COVID, estando já colocadas no mercado 14, enquanto mais de 100 outras estão em fase de desenvolvimento. Destas, 77 estão em fase de experiência com animais, 37 atingiram já a fase de experimentação com grupos amplos de pessoas e 27 estão a ser sujeitas ao processo de verificação.[60]

A obsessão da generalidade das farmacêuticas pela maximização dos lucros imediatos, num contexto de grave crise sanitária tem suscitado críticas acesas e piorado significativamente a imagem já pouco positiva da indústria.

---

[60] «Corona Virus Vaccine Tracker», actualizado regularmente pelo *The New York Times.*

O insuspeito Durão Barroso, *chairman* da Goldman Sachs e recentemente escolhido para presidir a GAVI[61], declarou em entrevista à agência Lusa que «as farmacêuticas devem concentrar-se em acabar com a fase mais aguda da pandemia da covid-19 em vez de procurarem ganhar mais dinheiro com acordos bilaterais para venda de vacinas». Para Durão Barroso, «este vírus não respeita fronteiras» e o caminho para acabar com a pandemia que desencadeou «não é entrar em competição desenfreada entre uns e outros», uma lógica que considera que deve valer também para os Governos.

No pólo oposto, Boris Johnson, com a sua habitual elegância, terá, segundo *o The Guardian,* apresentado exuberantemente o resultado alcançado em termos de vacinação, explicando que «a razão por que tivemos o sucesso das vacinas foi por causa do capitalismo e da ganância».

Com grande clareza, Owen Jones explicitou, em resposta à grosseira declaração, que «no entanto, atribuir o triunfo da vacinação em massa britânica à "ganância" e ao "capitalismo" é simplesmente incorrecto. Como observa o *British Medical Journal,* a vacina da AstraZeneca "foi originalmente descoberta pelo Instituto Jenner de Oxford e recebeu mais de mil milhões de libras de dinheiro público". A AstraZeneca esteve envolvida em ensaios e no fabrico, mas não assumiu riscos financeiros: como afirmou no ano passado, "prevê-se que despesas ligadas ao progresso da vacina sejam compensadas por financiamento da parte do governo"»[62].

---

[61] *Gavi, the Vaccine Alliance («Aliança Global para as Vacinas»):* trata-se de uma parceria público-privada internacional entre governos de diversos países e a Organização Mundial da Saúde, o Banco Mundial, a Fundação Bill & Melinda Gates e outras entidades, entre as quais fundações, ONGs, associações profissionais e comunitárias, organizações religiosas e universidades, fabricantes de vacinas, centros de investigação e técnicos de saúde, com vista a disponibilizar vacinas a países que, sem ajuda internacional, não teriam acesso a elas.

[62] «It's not "greed" behind the Covid vaccine success. It's state finance and the NHS», *The Guardian,* 24 de Março de 2021.

O comportamento das farmacêuticas exacerbou os egoísmos nacionais e tem levado a crescentes guerras comerciais pontuais, como a proibição da Itália à exportação de vacinas para a Austrália ou, mais grave ainda, a guerra comercial entre a União Europeia e o Reino Unido, que ameaça destruir o acordo celebrado para a saída do Brexit.

A descoberta, a 23 de Março, de 29 milhões de doses de vacina escondidas em Itália levou a Comissão a pedir explicações à empresa, que afirmou que 13 milhões de destinavam ao mecanismo COVAX e os restantes 16 à União Europeia. Essa descoberta tornou mais visível o conflito da União com a empresa, já que o produto, pelo seu preço baixo deveria ter sido a base essencial do programa europeu de vacinação, levando um representante do governo francês a afirmar que não quereria que «a Europa fosse o idiota útil no meio disto», enquanto o comissário para o comércio tornava público que a AstraZeneca estava longe de entregar um quarto do fornecimento acordado, o que estaria a implicar um bloqueio nas vacinas.

O tema esteve longe de obter consenso na União Europeia, com o Conselho de Março de 2021 a recusar as posições mais radicais propostas pela Comissão e pelo Parlamento Europeu, ainda que com uma forte divisão no seu interior, com diversos primeiros-ministros a insistirem numa posição de firmeza e de exigência de reciprocidade, que outros consideram perigosa, por poder comprometer no futuro a vacinação na União e lançar uma guerra comercial de proporções insuspeitáveis.

O Comissário para o Comércio fez notar, numa entrevista ao jornal britânico *Financial Times* que a produção das fábricas de Seneffe, na Bélgica, e de Halix, nos Países Baixos, corresponde «mais ou menos» aos compromissos assumidos pela AstraZeneca com Bruxelas, rematando: «Se [a AstraZeneca] produzir mais não temos qualquer problema, mas enquanto não assegurar o que acordou connosco, as doses ficam na Europa[63]».

---

[63] *Público*, 1 de Abril de 2021.

A 1 de Maio de 2021, a União Europeia formalizou a entrega no Tribunal de Bruxelas, foro competente na matéria, um processo contra a AstraZeneca exigindo total cumprimento do contrato.

Embora se esteja claramente em presença de uma situação em que a União deveria levantar a patente, de harmonia com a cláusula compulsória do artigo 31.º do Acordo TRIPS, parece óbvio que este passo continuará a não ser dado.

Para além das questões comerciais, a vacinação deu origem ao mercadejar de vantagens políticas por parte de alguns Estados, de que é emblemática, a decisão da República Checa que, em troca de vacinas, transferiu a sua embaixada em Israel para Jerusalém.

Bastante mais impressiva é a forma como a vacina se tornou num instrumento geo-político para a China e para a Rússia.

Visto que as empresas farmacêuticas ocidentais deram prioridade aos envios para nações com maior capacidade financeira, que fizeram encomendas mais cedo, países como os da América Latina ficaram a depender predominantemente das vacinas chinesas para atenuar uma epidemia que deixou um número brutal de vítimas.

O Paraguai, por exemplo, um dos 15 países a ter relações diplomáticas plenas com Taiwan, foi posto de parte pela China no seu auxílio aos países da América do Sul, que impôs ao país que cortasse relações com Taiwan se quisesse receber doses de vacinas[64].

Nas Honduras, a situação foi parecida: "Isto põe-nos numa situação muito difícil", disse o ministro das Honduras Carlos Alberto Madero, "Estamos a ver a China a ajudar os seus aliados e começamos a perguntar-nos porque é que os nossos não nos estão a ajudar"[65].

---

64 «Paraguay's 'Life and Death' Covid Crisis Gives China Diplomatic Opening», *New York Times,* 16 de Abril de 2021.

65 «Taiwan ally warns of pivot to China in quest for Covid vaccines», *Financial Times,* 19 de Maio de 2021.

Não é a primeira vez que a China usa o seu poder para persuadir os aliados de Taiwan. Durante os últimos cinco anos, já três países na América Latina — o Panamá, a República Dominicana e El Salvador — cortaram relações com Taipei a seguir a negociações que prometiam um aumento do comércio com a China, fazendo-os também engrossar a lista dos primeiros países a receber as vacinas chinesas.

No Brasil, a chegada destas vacinas levou a uma mudança de posição abrupta quanto à participação da empresa chinesa Huawei na instalação de tecnologia 5G no país[66].

A Rússia também tem usado a sua vacina como arma diplomática, a começar pelo nome altamente sugestivo — Sputnik V — lembrando os dias da tão competitiva corrida ao espaço. Após uma desconfiança inicial em relação a esta vacina, dada a forma altamente politizada com que foi divulgada, muitos países começaram lentamente a aceitar encomendas, especialmente após a divulgação de resultados positivos na revista médica britânica *The Lancet.*[67]

Enquanto espera pela autorização da Agência Europeia de Medicamentos (EMA), a Europa vê-se dividida em relação à encomenda da vacina produzida na Rússia, o que tem vindo a gerar uma série de crises políticas. Na República Checa, dois ministros foram demitidos numa semana, em parte por se oporem à importação de vacinas russas. Na Eslováquia, a decisão unilateral do Primeiro-Ministro de encomendar 200.000 doses da Sputnik V, sem o consentimento dos restantes partidos de coligação levou a uma série de demissões, incluindo a do próprio Primeiro Ministro[68].

A vacina tem servido também a diplomacia da Sérvia que, tendo recebido doses significativas das vacinas russas e chinesas, as tem estado a redistribuir por alguns outros

---

[66] «Brazil Needs Vaccines. China Is Benefiting», *New York Times,* 15 de Março de 2021.

[67] «Sputnik V covid-19 vaccine candidate appears safe and effective», *The Lancet,* 2 de Fevereiro de 2021.

[68] «Sputnik V: How Russia's Covid vaccine is dividing Europe», *BBC News,* 17 de Abril de 2021.

Estados menores da antiga Jugoslávia, mesmo daqueles com os quais tem relações por vezes difíceis, ressuscitando alguma nostalgia dos tempos de Tito e do forte Movimento dos Não Alinhados.[69]

Para além de todas as dificuldades com que uma operação desta envergadura sempre se confrontaria, o processo de gestão dos stocks existentes e a ordem da vacinação causaram não poucas dificuldades na sua concretização, levando a adiamentos.

O processo de vacinação foi, por outro lado, substancialmente dificultado pelas dúvidas surgidas quanto à segurança das vacinas e, particularmente da AstraZeneca, sem que fosse possível um consenso quanto aos procedimentos, ainda que no quadro de uma percepção geral de existência de uma margem de risco reduzida, quando comparada com as vantagens da generalização das vacinas.

Mas este foi mais um processo a complicar uma operação difícil e a reforçar a recusa de inoculação das vacinas que, na generalidade dos Estados tem carácter voluntário[70].

Lamentavelmente, a Agência Europeia de Medicamentos, que dispunha de um grande prestígio científico e condições para estabelecer a confiança na vacinação, viu-se envolvida na disputa dos riscos e vantagens, com afirmações a que foram apontadas contradições.

A 13 de Abril de 2021, as autoridades dos Estados Unidos determinaram a suspensão das vacinas Johnson & Johnson, a braços com o mesmo tipo de problemas e com sensivelmente a mesma dimensão de riscos.

Entretanto, a multiplicação das estirpes do vírus, não constituindo uma novidade neste tipo de doença, fomenta grandes preocupações quanto à eficácia da vacinação já

---

[69] Valerie Hopkins, «Bounty of Serbian vaccine diplomacy shames the EU», *Financial Times*, 13 de Abril de 2021.

[70] Ainda que seja de notar que o Tribunal Europeu dos Direitos Humanos tenha admitido, apenas com um voto contra, a legitimidade das vacinas obrigatórias.

realizada e quanto ao tempo de contenção dos níveis de letalidade da doença.

Neste momento, não parece existir conhecimento científico suficiente nesta matéria, embora se registe algum optimismo quanto à possibilidade de haver tempo para lidar com o tema, o que, aparentemente, será mais fácil com as vacinas mRNA[71].

Existe, no entanto, hoje um consenso alargado sobre a necessidade de vacinar as populações de todo o mundo, que passa por entidades internacionais, governos, economistas e políticos. Martin Wolf, por exemplo, afirma peremptoriamente que «a crise não partirá para sempre se a pandemia não estiver debaixo de controlo. Uma vez que os vírus não conhecem fronteiras, ela não poderá ser controlada senão quando houver controlo por toda a parte»[72].

Vários encontros ao mais alto nível têm-se orientado no sentido de promover uma vacinação maciça em zonas especialmente carenciadas e sujeitas à influência estratégica da China, de que decorrem decisões como a dos mil milhões de vacinas a entregar pelos Estados Unidos, Índia, Japão e Austrália à região do Indo-Pacífico[73].

Alguns investigadores têm, de resto, desenvolvido a possibilidade de os Estados Unidos virem a assegurar a vacinação de todo o mundo[74].

Temos até agora analisado, sobretudo, as dificuldades das vacinas nos países desenvolvidos, mas não se pode ignorar

---

[71] «mRNA Technology Gave Us the First covid-19 Vaccines. It Could Also Upend the Drug Industry», *Time*, 11 de Janeiro de 2021.

[72] «We Must Vaccinate the World — Now», *Financial Times*, 9 de de Fevereiro de 2021.

[73] Cfr. Helen Gayle, Gordon LaForge, Anne Marie Slaughter, «America Can — and Should Vaccinate the World. The case for an All-Out Global Approach to Ending the Pandemic», *Foreign Affairs*, 19 de Março de 2021.

[74] Vd. Helen Gayle, Gordon LaForge e Anne-Marie Slaughter, «America Can — and Should — Vaccinate the Word. The Case for an All-Out Global Approach to Ending the Pandemic», *Foreign Affairs*, 19 de Março de 2021.

que elas são muito maiores em relação aos países menos desenvolvidos, sem influência política nem meios económicos, vivendo em grande medida do apoio externo.

Nesse domínio são poucas as capacidades da OMS da sua acção, para além de catalisadora, mas é justo destacar o papel da Fundação Bill & Melinda Gates e da GAVI, organização público-privada que integra como *core partners* a OMS, a UNICEF, o Banco Mundial e a Fundação Bill & Melinda Gates, sendo apoiada por diversos doadores como governos soberanos, fundações e empresas privadas; Nessa linha, importa ainda referir ONGs, grupos de advocacia, associações profissionais e comunitárias, organizações religiosas e académicas, fabricantes de vacinas, instituições de investigação e pesquisa médica e governos.

O elevado número de vacinas comprado pelos países desenvolvidos gera constrangimentos suplementares, contribuindo para as dificuldades de abastecimento das áreas mais desfavorecidas, apesar dos esforços da plataforma COVAX — que reúne a GAVI e a OMS — para tentar assegurar uma distribuição equitativa de vacinas nos países pobres.

Como assinalou o *The Economist*[75], haveria vacinas para todos se os países mais ricos partilhassem numa base equitativa, e se não se partisse de uma situação em que metade da oferta de vacinas tinha sido reservada para apenas 15% da população[76].

O continente africano tem sido apresentado como uma região especialmente problemática porque a pandemia veio interromper um período de recuperação e optimismo.

O FMI tem, aliás, manifestado a sua preocupação com os efeitos da desigualdade no acesso às vacinas e com a sua potencialidade para colocar em risco o sistema financeiro mundial, podendo ler-se na actualização ao Relatório de Estabilidade Financeira de Janeiro de 2021: «Até que as

---

[75] «Rich countries grab half of projected covid-19 vaccine supply»; *The Economist,* 12 de Novembro de 2020.

[76] «The pandemic could undercut Africa's precarious progress», de 4 de Fevereiro de 2021.

vacinas estejam amplamente disponíveis, a reacção do mercado e a retoma da economia continuam a depender da manutenção do apoio das políticas monetária e fiscal. Uma distribuição desigual de vacinas poderia exacerbar as vulnerabilidades financeiras, sobretudo no caso das economias de mercados de fronteira».

Para os países menos desenvolvidos, a questão assume foros de dramatismo porque, para além das fragilidades dos sistemas sanitários nacionais, não existe capacidade científica ou financeira instalada que permita o desenvolvimento de novas ou a produção de mais vacinas, processo dificultado pelas regras de protecção internacional da propriedade intelectual.

A questão vem sendo discutida há décadas e conhece especial ênfase no quadro da Organização Mundial do Comércio e em particular do Acordo TRIPS e do seu artigo 31.º.

Numa análise de fevereiro de 2021, a OCDE enfatizou os seguintes aspectos a ponderar em relação à vacinação nos países em desenvolvimento[77]: todos os países precisam de vacinas mas nem todos estão aptos a produzi-las; existe uma forte interdependência entre os bens necessários para produzir, distribuir e administrar vacinas; ainda que a sua produção esteja concentrada geograficamente a procura é global; é necessária a partilha de informação e a manutenção de mercados abertos; é necessário incrementar a cooperação internacional e a coordenação para as vacinas atravessarem fronteiras sem dificuldades.

Fundamental para este processo é o sistema posto de pé no quadro da OMC pelo Acordo Relacionado com Aspectos de Direitos de Propriedade Intelectual Relacionados com o Comércio (o Acordo TRIPS) que representa o instrumento multilateral mais abrangente na matéria.

Desde o início da pandemia que os países desenvolvidos consideraram que o Acordo TRIPS constituía um quadro adequado para lidar com a crise e a vacinação.

---

[77] OCDE: «Coronavirus (covid-19) vaccines for developing countries: An equal shot at recovery», 4 de Fevereiro de 2021.

No quadro desse Acordo releva, em particular, a possibilidade de os governos emitirem licenças compulsórias, permitindo a utilização de patentes sem autorização dos proprietários, desde que se encontrem reunidas determinadas condições, cuja concretização é, no entanto, delicada.

A Declaração de Doha sobre o TRIPS, adoptada na conferência ministerial de 2001 reafirmou os objectivos e princípios do Acordo, admitindo a sua aplicação de maneira favorável à prossecução de finalidades de saúde pública. Implica isto que as suas previsões podem e devem ser interpretadas e implementadas de modo a apoiar a saúde pública e, em particular, a promoção e acesso de medicamentos para todos, comportando, pois, a suficiente flexibilidade para permitir as intervenções necessárias para proteger a saúde pública.

Porém, o Acordo não especifica as razões que devem ser usadas para a justificar o recurso a uma licença compulsória. Muitas leis incluem a emergência nacional como um argumento para a sua adopção.

Em Outubro de 2020, a Índia e a África do Sul pediram aos restantes membros da OMC para se porem de acordo com uma excepção generalizada quanto à «prevenção, controlo ou tratamento da covid-19 até estar de pé uma vacinação generalizada e desenvolvida a imunidade da maioria da população mundial».

A proposta viria a ser recusada pelos países desenvolvidos. Um representante britânico considerou estar-se em presença de «uma medida extrema para um problema não provado», enquanto que o representante da União Europeia declarou que «não havia evidência que os direitos de propriedade fossem uma barreira genuína à acessibilidade da medicação e tecnologias ligadas à COVID», ainda que ficasse em aberto a possibilidade de uma nova discussão num momento posterior[78].

---

[78] «EU awaits evidence that intellectual property slows supply of covid-19 vaccines», *Agence Europe,* Europe Daily Bulletin No. 12715, 7 de Maio de 2021.

A possibilidade de utilização do artigo 31.º tem sido objecto de críticas e apoios, que separam os países do Norte e do Sul, como sucede com a disputa do tratamento para o HIV-SIDA que se arrasta há 20 anos.[79]

A situação de impasse que se vive neste momento no domínio da vacinação é tanto mais grave quanto existe um amplo consenso sobre a inutilidade de tentar resolver o problema dentro das fronteiras nacionais, uma vez que, como refere o Director-Geral da OMS, «o nacionalismo quanto às vacinas prejudica toda a gente e não protege ninguém». A única resposta que pode ser verdadeiramente eficaz para este problema passa por um processo de vacinação maciça que abranja todo o mundo.[80]

Mais recentemente têm-se desenvolvido esforços para conseguir uma actuação internacional conjunta, como o apelo subscrito por Angela Merkel, Emmanuel Macron, Pedro Sánchez, António Costa, Cyril Ramaphosa e diversos outros presidentes e primeiros-ministros de vários continentes que subscreveram uma declaração apelando à unidade de acção:

> *[A] pandemia de covid-19 é o maior desafio que se coloca à comunidade mundial desde a década de 1940. Nessa altura, após a devastação de duas guerras mundiais, os líderes políticos uniram-se para criar o sistema multilateral. Os objetivos eram claros: unir os países, afastar a tentação do isolacionismo e do nacionalismo e enfrentar os desafios, o que apenas poderia ser conseguido em conjunto, com espírito de solidariedade e cooperação, nomeadamente de paz, prosperidade, saúde e segurança.*

---

[79] Thana C. de Campos-Rudinsky está entre os que entendem que o regime do TRIPS é uma parte de uma resposta global para uma solução equitativa da pandemia. Vd.: «Intellectual property and essential medicines in the covid-19 pandemic», *International Affairs*, Vol. 97, Março de 2021; disponível em: https://academic.oup.com/ia/article/97/2/523/6130201.

[80] Por todos, vd. Martin Wolf, «We must vaccinate the world — now», *Financial Times*, 21 de Fevereiro de 2021.

> *Hoje, continuamos com a mesma esperança de que, se lutarmos juntos para superar a pandemia de covid-19, poderemos construir uma arquitetura internacional da saúde mais robusta, que protegerá as futuras gerações. Teremos outras pandemias e outras grandes emergências sanitárias. Essas ameaças não poderão ser combatidas isoladamente por um único governo ou agência multilateral. A questão não é se, mas quando. Juntos, ficaremos mais bem preparados para prever, prevenir, detectar, avaliar e dar uma resposta eficaz às pandemias de forma altamente coordenada. A pandemia de covid-19 tem-nos relembrado de forma dura e dolorosa que ninguém está seguro, até que todos estejamos seguros*[81].

Sabemos já da dificuldade de encontrar financiamento para uma operação desta dimensão, mas sabemos também que a sua não concretização terá consequências muito mais devastadoras, mesmo no plano económico, com a instalação de um quadro pandémico de longa duração.

Também o Papa Francisco continua a seguir de perto esta questão e na Mensagem *Urbi et Orbe* da Páscoa de 2021 a ela voltou, proclamando:

> *Todos, sobretudo as pessoas mais frágeis, precisam de assistência e têm direito a usufruir dos cuidados necessários. Isto é ainda mais evidente neste tempo em que todos somos chamados a combater a pandemia, e um instrumento essencial nesta luta são as vacinas. Por isso, no espírito de um «internacionalismo das vacinas», exorto toda a comunidade internacional a um empenho compartilhado para superar os atrasos na distribuição delas e facilitar a sua partilha, especialmente com os países mais pobres*[82].

A 15 de Abril de 2021, um grupo de antigos políticos e figuras de relevo na cena internacional apelavam ao levantamento das patentes. Entre eles Gordon Brown, antigo Primeiro-Ministro do Reino Unido; François Hollande, antigo

---

[81] *Público*, 30 de Março de 2021.

[82] *Vatican News*, edição portuguesa, 5 de Abril de 2021.

Presidente francês; Mikhail Gorbachev, antigo Presidente da URSS; e Yves Leterme, antigo Primeiro-Ministro belga vencedores do prémio Nobel, tanto na Economia como nas Ciências e nas Artes, Hollande qualificou a desigualdade no acesso às vacinas como «uma situação insuportável do ponto de vista político e moral». Os subscritores da carta avisaram que um acesso desigual às vacinas terá um forte impacto na economia global e dificultará a sua recuperação.

Uma nova energia parece ter surgido com a Administração Biden que, em sessenta dias, vacinou cem milhões de pessoas e espera vacinar duzentos milhões de pessoas em cem dias, ao mesmo tempo que reforçou a ajuda ao exterior e se tornou o doador mais importante na entrega de fundos à COVAX, em contraste com a anterior recusa da Administração Trump.

A velocidade e extensão do processo de vacinação tem feito surgir interrogações como as expressas por exemplo por Rochelle Walensky, directora do centro de controlo e prevenção das doenças, que considera que estes números podem assustar as pessoas com a ideia de que as coisas irão piorar, ou causar um excesso de optimismo que as leve a menosprezar as formas de protecção e distanciamento social[83].

Neste ambiente em que uma vasta parte da população mundial continua por vacinar, em especial nos países menos ricos, que falam no «*apartheid* das vacinas», continua a disputa sobre as melhores soluções para resolver os problemas humanitários e garantir o controlo global da doença.

Persiste, nomeadamente, a discussão sobre se se deveria quebrar por um período as patentes solução preconizada por muitos economistas e políticos.

O *The Economist* recolheu as opiniões de Mariana Mazzucato, Jayati Ghosh e Els Torreele, totalmente favoráveis ao levantamento das patentes, argumentando, designadamente, que:

---

[83] «Biden Vows to Expand Vaccine Access as CDC Chief Raises Alarm», *Financial Times*, 29 de Março de 2021.

Não se trata aqui simplesmente de ajuda aos países pobres: a suspensão da propriedade intelectual beneficiaria também a população dos países ricos. Haveria mais doses e menos açambarcamento em todo o lado. A maior oferta reduziria os preços da vacina em geral e diminuiria o risco de aparecimento de variantes mais perigosas, para as quais as vacinas actuais podem não funcionar.

A necessidade de um levantamento das patentes é clara para as vacinas, mas também é importante para tratamentos como medicamentos, ventiladores, máscaras e outros produtos. Muitos medicamentos como o Remdesivir que estão a ser usados para tratar casos graves estão a faltar em muitos países em desenvolvimento, com preços predatórios por parte dos distribuidores a impedir o acesso. Estes problemas podem vir a intensificar-se à medida que se desenvolvem medicamentos mais eficazes. Desta forma, a renúncia à propriedade intelectual cobre o leque de desafios de saúde apresentados pela pandemia.[84]

Em sentido contrário, defende Michelle McMurry-Heath[85]:

As empresas de biotecnologia reconhecem certamente o papel importante desempenhado pelo investimento público na investigação básica e pelo apoio governamental às vacinas para o vírus. Mas a vacina ocidental mais rápida foi desenvolvida sem financiamento do governo e os prazos de todas as vacinas ocidentais foram dramaticamente reduzidos por esforços privados — os laboratórios, infraestruturas para ensaios clínicos e o know-how necessário para derrotar uma pandemia acumulado durante décadas graças ao capital privado, alimentado por garantias de protecção da propriedade intelectual para as descobertas feitas ao longo do caminho. As empresas de biotecnologia também fizeram do acesso global e da acessibilidade de preços uma prioridade máxima.

Tenho visto a importância da propriedade intelectual através de múltiplas perspetivas. Enquanto investigador académico, vi como os acordos de licenciamento entre laboratórios universitários e empresas privadas ajudaram a transformar as descobertas promissoras ainda

---

[84] *The Economist,* 20 de Abril de 2021.

[85] Idem.

num estado inicial em produtos tangíveis. Enquanto funcionário da America's Food and Drug Administration, concentrei-me em reformas dos regulamentos dos ensaios clínicos e vi os esforços feitos pelas empresas para conseguir que a tecnologia proprietária fosse aprovada para o tratamento de pacientes. Durante o meu tempo na Johnson & Johnson, os meus colegas eram os cientistas que aproveitaram os conhecimentos que adquiriram no desenvolvimento de uma vacina para o vírus Ebola, para desenvolver rapidamente uma inoculação contra a covid-19 baseada em tecnologia de vetores virais.

A própria União Europeia, a braços com as crises assinaladas, tomou a iniciativa de pedir auxílio aos Estados Unidos, no Conselho Europeu de 23 de Março, tendo o presidente Biden prometido que o concretizaria quando ultrapassasse a crise interna.

A clarividência evidenciada pelo Presidente Biden, expressa na afirmação «nós não viremos a estar totalmente salvos até que o Mundo esteja salvo» será um indicador de que os Estados Unidos poderão recuperar um papel decisivo na cena internacional.

Em todo o caso, é seguro que os Estados Unidos estão dispostos a assumir uma posição bem mais decidida nesta matéria, cooperando com o esforço internacional, porventura numa solução fora dos quadros tradicionais da OMS, muito politizados em torno dos conflitos com a China e através do apoio a novas iniciativas não governamentais.

Mas há quem vá mais longe, como Helene Gayle, Gordon LaForge e Anne-Marie Slaughter, que entendem que os Estados Unidos devem assumir a responsabilidade de vacinar o mundo.

Um tanto surpreendentemente, a posição dos Estados Unidos evoluiu para o anúncio do apoio à quebra temporária das patentes como forma de aumentar a produção de vacinas e garantir que elas possam ser fabricadas em países pobres e não apenas nos Estados Unidos e na Europa.

É, porém, facto que certo que Biden tinha assumido expressamente esse compromisso durante a campanha eleitoral.

O anúncio foi feito pela embaixadora americana para a Organização Mundial do Comércio, Katherine Tai, em 4 de Maio de 2021, que explicitou que «o objetivo é facilitar a transferência de tecnologia e possibilitar a produção das vacinas principalmente em nações em desenvolvimento». E acrescentou: «Esta é uma crise de saúde global e as circunstâncias extraordinárias da pandemia de covid-19 exigem medidas extraordinárias. O governo acredita fortemente nas protecções de propriedade intelectual, mas num esforço para acabar com a pandemia apoia a suspensão das protecções para as vacinas contra a covid-19.» Katherine Tai disse ainda que o país vai participar nas negociações na OMC para permitir que isso aconteça. "As negociações levarão algum tempo considerando a natureza da instituição de busca por consenso e a complexidade das questões envolvidas", afirmou.

O anúncio do apoio aos países emergentes já é considerado uma mudança histórica na postura do governo americano, sede das principais farmacêuticas, em relação à propriedade intelectual.

Na prática, caso a quebra de patentes seja aprovada, isso permitirá que a vacina da covid-19 seja produzida por empresas de todo o mundo.

A decisão de Biden foi confrontada com posições diferentes dos países europeus e pela União Europeia, espaço em que se produzem 76% das vacinas mundiais que, no dia 9 de Maio, aprovava uma Carta Social Europeia e se reunia numa cimeira em que a presidente da Comissão Europeia declarava: «A Comissão Europeia pediu logo dois dias depois que os Estados Unidos e outros grandes produtores de vacinas contra a covid-19 exportem os imunizantes que fabricam, como faz a União Europeia, em vez de falarem em quebra de patentes».

A presidente da Comissão, Ursula von der Leyen, reafirmou em entrevista colectiva durante a Cimeira Social da UE no Porto que as discussões sobre quebra de patente não produziriam uma única dose de vacina contra a covid-19 no curto-médio prazo: «Devemos estar abertos para liderar essa discussão. Mas quando liderarmos essa discussão, é preciso uma visão de 360 graus, porque precisamos de vacinas agora para o mundo todo. A União Europeia é a única região continental ou democrática deste mundo que exporta em grande escala».

Questionado à chegada da reunião, Emmanuel Macron considera a proposta relativa ao levantamento das patentes das vacinas contra a covid-19 um «falso debate». Na mesma ocasião, sublinhou: «A urgência hoje não são as patentes. A urgência é produzir mais e ter mais solidariedade já hoje. A Europa que foi muito criticada, é hoje um grande produtor de vacinas, generoso e aberto».

Nesse mesmo dia, o Papa Francisco, sempre atento às grandes questões, apoiou expressamente a posição norte-americana.

Num discurso para promover o acesso às vacinas, o Papa afirmou que o mundo estava infectado pelo «vírus do individualismo» e que «uma variante desse vírus é o nacionalismo fechado, que impede, por exemplo, a internacionalização das vacinas». E acrescentou: «outra variante é quando colocamos as leis do mercado ou do mercado intelectual ou da propriedade intelectual acima das leis do amor e da saúde da humanidade».

Anteriormente, o Diretor-Geral da OMS, Tedros Adhanom Ghebreyesus, dissera que o plano do Presidente dos EUA, Joe Biden, de apoiar uma proposta de renúncia aos direitos de propriedade intelectual para impulsionar a produção global de vacinas foi um «momento monumental na luta contra a covid-19».

Da parte dos que se opõem à quebra das patentes existe, é certo, um argumento de urgência e de necessidade de não interromper a produção. Porém, essas motivações não são incompatíveis com a tomada de medidas para facilitar a vacinação geral. Só são incompatíveis com a persistência do *business as usual*.

A discussão provavelmente será longa no quadro da Organização Mundial do Comércio, fórum em que sendo certo que continua a ser uma discussão entre ricos e pobres, alguns dos primeiros começam a compreender a necessidade de uma maior justiça.

A decisão da União Europeia de não apoiar o levantamento das patentes — à exceção do Governo espanhol —, tem continuado a provocar muito desagrado numa série de setores sociais, económicos e políticos e a minar a confiança na capacidade das instituições europeias para protagonizarem as alterações que uma crise grave reclama.

Com razão comenta Teresa de Sousa que «infelizmente para a Europa, os EUA conseguem ver mais longe, ter mais coragem e servir melhor o grande objectivo que é tornar as vacinas contra a covid-19 um bem público mundial. Não foi certamente por acaso que o director-geral da OMS classificou a iniciativa do Presidente americano como "monumental" ou que a directora-geral da OMC viu compensados os seus esforços para alcançar este objectivo bem mais depressa do que poderia imaginar»[86]. Com efeito, é preciso recordar, como nota a jornalista, que «se houve empresas capazes de criar vacinas eficazes e seguras contra a covid-19 em meia dúzia de meses, isso deveu-se aos enormes investimentos das farmacêuticas em investigação e inovação, apenas possíveis graças aos lucros que geraram e aos apoios públicos de que dispuseram».

A verdade é que, a este propósito a União Europeia falou quase a uma só voz ouvindo-se os mesmos discursos e argumentos dos seus líderes, com a excepção já assinalada do chefe de Governo Espanhol, todos empenhados em demonstrar que a iniciativa americana não serviria para nada e que a generosidade estava toda deste lado do Atlântico.

A ONG *Corporate Europe* criticou a forma como a Comissão se tornou numa «câmara de ressonância» da indústria farmacêutica:

---

[86] «Patentes das vacinas: a insustentável leveza europeia», *Público,* 11 de Maio de 2021.

Quem se reúne com a Comissão Europeia para discutir a escassez de vacinas e medicamentos COVID na Europa e no mundo? Uma investigação das recentes reuniões mostra um padrão desconcertante: apenas aqueles que não questionam o monopólio das patentes das grandes farmácias parecem ser autorizados a entrar. Enquanto o mega-filantropo Bill Gates e o lobby pró-patentes são uma força poderosa que influencia a resposta da UE, os defensores da partilha da tecnologia ligada à COVID vêem as suas portas fechadas.

De acordo com uma investigação efetuada por uma equipa de jornalistas europeus publicada por Paulo Pena no Público de 21 de Maio de 2021, nos seis meses precedentes, os comissários europeus com competências em matéria de vacinas e medicamentos tiveram de receber, em sucessivas audiências, lobistas ao serviço da indústria farmacêutica que se movimentaram intensamente. Infelizmente, tudo parece encaminhar-se para um desfecho previsível: as populações desfavorecidas vão continuar a sê-lo ou vão ser ainda mais prejudicadas.

No fundo, estamos numa situação «*patently absurd*», como a qualifica a *Corporate Europe*, numa nota em que considera, segundo os documentos que conseguiu obter da Comissão e dos Estados, que se trata apenas de uma questão de relações públicas[87].

A possibilidade de se vir a atingir imunidade total em relação à covid-19 sempre foi incerta. Porém, alguns factores têm vindo a contribuir para colocar ainda mais em dúvida esse objectivo, perfilando-se até já como horizonte mais optimista o que aponta para que uma versão menos agressiva da doença persista ao longo dos anos, à semelhança de outras infecções pulmonares.

Foram várias as razões para essa involução, à cabeça dos quais há que referenciar a diferença de tratamento entre as zonas mais ricas e as mais pobres do Mundo.

---

[87] «Patently absurd. EU more worried about Parma ham branding than COVID vaccine patents», Corporate Europe Observatory, 11 de Março de 2021.

Enquanto a Europa, os Estados Unidos e outras zonas ricas avançavam na vacinação e nas formas de confinamento que reduziram muito os casos de infecção, outras regiões eram violentamente atingidas, sem terem idêntica capacidade de reação. Na Ásia, por exemplo, muitos programas de vacinação previstos ainda não se iniciaram ou estão em estado incipiente e o número de vacinados é extremamente baixo. Na América Latina e nas Caraíbas, onde o número de mortos se aproxima de um milhão e a quebra do Produto Interno Bruto é inferior a metade da quebra média mundial, apenas o Chile apresenta um valor razoável de 16% de vacinação. Largamente responsáveis são a enorme pobreza da região e a ausência de instalações sanitárias.

Um último caso a referenciar pela decepção que representa, face às expectativas que gerara, é a Índia que, em Janeiro, era considerada um país muito seguro e com uma produção de vacinas capaz de garantir o abastecimento do continente africano.

Uma política de menorização da segunda vaga faz com que o país já tenha ultrapassado os 300 mil mortos e não disponha de capacidade de vacinação.

Na ausência de recursos por parte da Organização Mundial da Saúde, ou qualquer outra organização internacional, o debate passa pela questão do levantamento das patentes, mas envolve muitas outras alternativas, sem que, contudo, se encontrem soluções, situação que o decorrer do tempo só tende a agravar.

Vários milhares de milhões de dólares de ajuda e a exportação maciça de vacinas são a única forma de travar uma catástrofe humanitária que se espalha rapidamente pelo planeta, alertam Robin Mckie, Ashley Kirk, Michael Safi, Hannah Elli-Petersen, Jason Burke e Michel Savage, que identificam um dado verdadeiramente assustador: quase uma em três mortes registadas no início de Maio em todo o mundo têm agora lugar nos países de baixo e médio rendimento, que um mês antes apenas representavam 9,3% das mortes.

6. DIZER NÃO A UMA ECONOMIA PÓS-PANDEMIA COM OS MESMOS VÍCIOS

Como já referido, a pandemia da covid-19 teve consequências devastadoras sobre a economia, quer pública, quer privada, gerando grandes dificuldades para os trabalhadores e empresas e a necessidade de um gasto público muito volumoso, que foi assumido tanto por governos defensores da intervenção estatal, como por governos de orientação liberal, totalmente favorável ao mercado.

Não é a primeira vez que assim acontece. É, aliás, atribuída a George Bush filho a declaração de que apenas era liberal enquanto a tempestade não lhe entrava em casa.

Na última crise financeira, cujas feridas ainda estávamos a sarar quando se manifestou a covid-19, a intervenção estatal tinha-se traduzido basicamente, no apoio a bancos e mercados financeiros. Antes de eleito, Barack Obama advertia para o facto de se prestar demasiada atenção a *Wall Street* e muito pouco a *Mean Street*, orientação que, todavia, não se veio a inverter significativamente durante os seus mandatos.

Ainda que fosse evidente a responsabilidade dos mercados financeiros e dos bancos e fundos inescrupulosos, que aproveitaram a desregulação para obter lucros fabulosos, continuou a entender-se que o necessário era repor a crença no mercado, para evitar o agravamento da situação económica e assim se foi deixando tudo na mesma, enquanto proliferavam os *Novos Bancos* e se assistia ao crescimento do desemprego e ao aprofundar das desigualdades.

Como se tornou frequente dizer, o Estado socializou o risco e privatizou os lucros, daí resultando a situação descrita pela Directora-Geral do FMI, Kristalina Georgieva, em entrevista a Martin Wolf[88] «(...) não estávamos em grande forma em 2019. Tínhamos uma baixa produtividade, um

---

[88] *Financial Times*, 18 de Janeiro de 2021.

crescimento baixo, uma desigualdade em crescimento e uma iminente crise climática. Nada disso desapareceu».

O que se passou constituiu uma grande frustração para quantos acreditavam que a emergência de uma crise seria uma oportunidade para corrigir as assimetrias injustificadas das nossas sociedades. Nada disso aconteceu, mas não falta quem, de novo, veja na pandemia da covid-19 — e esperamos que desta vez com mais razão — uma luz de esperança.

O problema essencial centrou-se nas acções desencadeadas nos momentos altos da crise e nas medidas adoptadas, assim como na forma que se utilizou para reequilibrar a economia e as finanças em que, como é sabido, se impôs uma solução de austeridade que puniu duramente os cidadãos através da ablação de direitos.

Se é verdade que a austeridade foi uma receita generalizada não se pode esquecer que ela atingiu especialmente os Estados que tinham recebido auxílio financeiro da chamada *troika*, que impôs aos países do Sul da Europa receitas que o próprio Jean-Claude Juncker, na altura Presidente da Comissão Europeia, veio a considerar humilhantes.

Entre as piadas de mau gosto do ministro holandês Dijsselbloem e a rigidez e inflexibilidade do ministro alemão Wolfgang Schäuble, na altura fortemente apoiado pela chanceler Merkel, reforçou-se até ao absurdo o monstro criado em torno da União Económica e Monetária.

O resultado foi o sofrimento humano, a estagnação económica e a crescente perda de relevância da União Europeia.

Entre nós, nos duros anos da *Troika*, alguns foram cedendo aos poucos, outros identificaram com familiaridade a velha herança da política e das finanças salazaristas mas houve sempre quem mantivesse uma atitude crítica e de resistência ativas, apesar das limitações impostas pelo cerco mediático.

Em Outubro de 2019, altura em que surgiam já alertas quanto à possibilidade de uma crise sanitária, vários economistas começaram a preocupar-se com a eventualidade de uma nova crise económica e financeira. O antigo governador do Banco de Inglaterra, Mervyn King, por exemplo, na reunião anual do Fundo Monetário Internacional, alertava para essa possibilidade e salientava que a recuperação económica da crise de 2007-2008 fora muito inferior à da Grande Depressão.[89]

Com a emergência da pandemia, assistiu-se a uma evolução significativa do pensamento, com publicações insuspeitas, como o *Financial Times*, a defenderem novas vias de pensamento e com a surpreendente conversão de antigos e sólidos falcões na luta contra a dívida a uma nova abordagem do tema.

Na Europa, a então primeira-ministra britânica, Theresa May, declarou: «uma década depois do *crash* financeiro, as pessoas precisam de saber que a austeridade a que ela deu lugar acabou»[90].

Verdadeiramente inesperado seria o apoio de Schäuble ao projecto de recuperação económica da União Europeia, defendendo que a Alemanha deveria pensar no interesse superior da União Europeia. Ao *Welt am Sontag* diria mesmo: «se a Europa quer ter alguma hipótese deve demonstrar solidariedade e capacidade de acção. Os alemães têm um grande interesse em ver a Europa de pé de novo»[91].

O projecto europeu de apoio económico à recuperação através da atribuição de subvenções a fundo perdido e da concessão de empréstimos, resultantes de um recurso da União ao financiamento, a par com a continuação dos apoios do BCE e a suspensão da disciplina de estabilidade orçamental constituiu uma evolução no sentido positivo, ainda que algo tímida e com advertências aos países em maior dificuldade.

---

[89] «World Economy is sleepwalking into a new financial crisis», *The Guardian*, 20 de Outubro de 2019.

[90] CNBC, 5 de Dezembro de 2018.

[91] Andrew Blackman, «Schäuble Backs Landmark Deal to Shield EU From covid-19 Fallout», Bloomberg News, 24 de Maio de 2020.

Mas, com razão, o *Financial Times* de 16 de Outubro de 2020 pôde titular: «Global Economy: the Week that Austerity was Buried», inserindo declarações de personalidades de topo do Banco Mundial e do Fundo Monetário Internacional, algumas com responsabilidades na política de austeridade, proferidas numa cimeira informal das duas organizações.

Carmen Reinhart, agora economista-chefe do Banco Mundial, recomendou aos países que se endividassem fortemente durante a pandemia, e afirmou: «primeiro devemos preocuparmo-nos em combater a guerra e depois pensar como pagar». Por seu turno, a Presidente do Fundo Monetário Internacional instou também os países a endividarem-se sem pensarem em posterior austeridade, e concluiu com uma frase verdadeiramente motivadora «Só uma coisa interessa — sermos capazes de arriscar.»

No *Fiscal Monitor* do Fundo Monetário Internacional então divulgado, as conclusões não são diversas e Vítor Gaspar, o ministro da austeridade português, agora *Director do Fiscal Affairs Department*, assina uma introdução explicitando que a aposta do Fundo deve ser no investimento público.

Não foi só Reinhart, promovida no Banco Mundial, que mudou de ideias, já que o seu co-responsável pela política de austeridade, Kenneth Rogoff, também parece querer apagar o seu papel na história económica, multiplicando-se em declarações contra a austeridade, como: «Esta é uma emergência. Não nos vamos preocupar com o nosso *credit standing*. Não penso que este vá ser um problema. E sabem? Se tivermos inflação no final é disso que precisamos para ganhar esta guerra. Estamos a tentar proteger os americanos, os nossos interesses e o nosso futuro»[92].

Os desafios colocados pela covid-19 são especialmente delicados e exigem respostas especialmente cuidadosas, que enfrentando a maldição da urgência, evitem a super-

---

92 «Economist Kenneth Rogoff on whether the US has ever experienced a crisis like this one», entrevista à *PBS*, 19 de Março de 2020.

ficialidade das medidas adoptadas na última crise financeira e não permitam o prolongamento das dificuldades no tempo.

A saúde, a vida e a morte integram o núcleo central de problemas desencadeados pela covid-19. Mas as respostas à pandemia comportam uma dimensão económica inultrapassável. Uma perspectiva interessante de abordagem desta componente foi ensaiada por Avery Coop ao comparar as despesas nos Estados Unidos no período posterior ao 11 de Setembro e as despesas relacionadas com a COVID no ano de 2020. A comparação revela que, no primeiro caso, se atingiu um custo global de 6,4 biliões de dólares e, no segundo, de 16,1 biliões de dólares[93].

O cálculo do custo económico da covid-19 foi alcançado, através da soma das seguintes parcelas:

Categoria	Custo (mil milhões)
Produto Interno Burto (PIB) Perdido	$7,592
Morte Prematura	$4,375
Danos de Longo Prazo na Saúde	$2,572
Doenças Mentais	$1,581
Total	**$16,120**

Em Portugal, as medidas de apoio social ao longo do ano de 2020 e durante os primeiros meses de 2021 chegaram a um valor total de mais de 3 mil milhões de euros, aplicados da seguinte forma[94]:

[93] «Putting the Economic Cost of covid-19 in Perspective», *Visual Capitalist*, 14 de Janeiro de 2021.

[94] Dados retirados de uma apresentação de Março de 2021 feita pelo Ministério do Trabalho, Solidariedade e Segurança Social.

Medida	**Pessoas/ trabalhadores abrangidos**	**Quantia**
Layoff de 2020	899 mil	1918 M
Layoff de 2021	292 mil	
Apoio à Retoma Progressiva	256 mil	
Incentivo à Normalização da Atividade	470 mil	
Apoio à família 2020	201 mil	1464 M
Apoio à família 2021	101 mil	
Redução de atividade TI/MOE 2020	241 mil	
Apoio TIs 2020	32 mil	
Redução de atividade TI/MOE 2021	141 mil	
Apoio TIs 2021	9 mil	
Complemento de estabilização	353 mil	
Abono de família	800 mil	
Prorrogação RSI	27 mil	
Prorrogação prestações desemprego 2020	55 mil	
Prorrogação prestações desemprego 2021	23 mil	
AERT	45 mil	
Aumento limite mínimo sub. desemprego 2021	83 mil	
Majoração Sub. Desemprego Casais com Filhos	2 mil	
TOTAL	**2,8 M**	**3382 M**

Se o quadro de fundo não pode deixar de ser o de uma presença intensa do sector público, é necessário que ele se vá adequando às diferentes fases de evolução da doença e da economia que não são ainda susceptíveis de uma previsão minimamente rigorosa.

Na fase que atravessamos, a preocupação essencial tem de ser a de assegurar a protecção social através de apoios diversificados e o auxílio à liquidez, ao que se deverá seguir o esforço para permitir o regresso ao trabalho e ao funcionamento da economia, o que pressupõe o auxílio às empresas e o investimento público.

No período subsequente, o esforço deve ser orientado no sentido de criar melhores condições para lidar com futuras crises sanitárias, corrigindo as deficiências que foram detectadas.

Numa fase final, em que já não seja necessário o apoio de emergência, os Governos deverão preocupar-se em garantir um crescimento sustentado em que os recursos necessários deverão vir de uma reforma tributária que convoque um esforço suplementar dos mais favorecidos.

As Nações Unidas promoveram, a 29 de Março de 2021, um encontro internacional cujo anúncio antecipa os caminhos para a recuperação da economia mundial, devastada pela covid-19:

«Com o mundo a lutar para ultrapassar a devastação humana e económica da covid-19, o Primeiro-Ministro do Canadá Justin Trudeau, o Primeiro-Ministro da Jamaica Andrew Holness e o Secretário-Geral da ONU António Guterres estão a convocar uma reunião de líderes mundiais para exortar a comunidade internacional a tomar medidas adicionais e urgentes para assegurar uma recuperação robusta.

A reunião virtual procura sublinhar a urgência da necessidade de uma acção mais ambiciosa e concreta para fornecer liquidez e responder à vulnerabilidade da dívida. Segue-se às reuniões e mesas redondas realizadas em 2020 sob os auspícios do Financiamento para o Desenvolvimento na Era da Pandemia covid-19 para mobilizar ações de ajuda à recuperação económica com a pandemia».

O ambiente é, agora, de maior optimismo, como o revelam as previsões de Abril do FMI, que acredita que «é provável que a economia dos EUA seja mais forte do que se tinha previsto antes da pandemia. Para a maioria das economias avançadas, haverá apenas pequenas cicatrizes devido à crise. Uma transformação tão positiva nas perspetivas económicas no espaço de apenas seis meses é extremamente rara»[95].

Na actualização das suas perspectivas económicas globais (*World Economic Outlook*) de 23 de Março de 2021, o FMI reviu em alta a taxa de variação do PIB global tanto em 2020 (uma contracção esperada de -3,3% ao invés de -4,4%) como em 2021 (crescimento de +6% em vez de +5,2%) e 2022 (+4,4% ao invés de +4,2%).

O FMI atribui o melhor desempenho agora previsto aos estímulos orçamentais suplementares em algumas grandes economias (leia-se sobretudo nos EUA) e à resposta de política orçamental e monetária sem precedentes.

Nos últimos tempos tem-se assistido a crescentes avanços na contenção dos efeitos mais graves da doença, com efeitos positivos no plano do desconfinamento e na retoma da actividade turística, ainda que pareça assistir-se a um agravamento preocupante nalgumas regiões.

Mesmo em relação a Portugal, um economista com o rigor de Ricardo Cabral admitiu que seria «de esperar que, com o fim das medidas de confinamento, as importações e a procura interna aumentem a partir de Abril, resultando não só num aumento das receitas de impostos com impacto favorável nas contas públicas mas também numa deterioração na balança de bens. Embora a economia portuguesa, especializada no sector do turismo, possa ser uma das mais penalizadas pelos efeitos da pandemia, não deixará de beneficiar do mais rápido crescimento económico global.»[96]

A mesma posição é assumida pelo presidente da Reserva Federal, Jerome Powell: «Sentimos que estamos numa posição onde a economia vai começar a crescer muito mais rápido e a criação de emprego a aparecer muito mais rápido. [...] O que estamos a assistir agora é a uma eco-

---

95 «Managing Divergent Recoveries», *World Economic Outlook*, Abril de 2021.

96 «Ventos Favoráveis para a Economia Mundial?», *Público*, 12 de Abril de 2021.

nomia que parece estar num ponto de inflexão, e isso é devido à vacinação massiva e a um forte apoio fiscal, um forte apoio à política monetária»[97].

No momento que atravessamos, as previsões económicas, com a admissão de uma possibilidade de crescimento económico sensível, melhoraram significativamente.

A grande ironia da história é magistralmente descrita por Martin Sandau no *Financial Times*[98] porque ela se relaciona com a radical mudança de posição das Instituições de Bretton Woods:

> *Qualquer pessoa que, como eu, tenha sido estudante nos anos 90 lembrar-se-á de como as instituições internacionais eram, na altura, a coisa chique contra a qual protestar.*
>
> *Uma imagem que ficou comigo é a de uma jovem mulher a trazer consigo a figura de um troll de três cabeças que representava (como ela bem o disse aos media) o FMI, o Banco Mundial e a Organização Mundial do Comércio que estavam a devastar os pobres do mundo. Pergunto-me o que ela pensaria hoje. Se compararmos a perspetiva política defendida nas recentes reuniões de Primavera do FMI e do Banco Mundial àquela que levou os estudantes a revoltar-se há um quarto de século, reparamos que estamos perante uma conversão que nem Saulo de Tarso experienciou. o Banco Mundial e o Fundo foram escoriados nos anos 80 e 90 por fazerem os pobres pagar pela provisão básica de saúde ou por presumirem que os défices eram maus para o crescimento. Esses dias ficaram no passado. Aqui está o novo consenso de Washington: Gastar muito na saúde pública. A probidade fiscal, que durante muito tempo representava o núcleo das prescrições do FMI (a piada era que as iniciais queriam dizer "it's mostly fiscal"), já não tem a ver com evitar a despesa pública, mas sim em investir de forma a encontrar uma boa relação preço-qualidade — e gastar mais onde possa haver valor. Isso significa fazer o que for preciso para produzir e entregar vacinas a nível mundial. A publicação do*

---

[97] Entrevista ao programa «60 Minutes», *CBS*, 11 de Abril de 2020.

[98] Martin Sandbu, «*A New Washington Consensus is Born*», *Financial Times*, 12 de Abril de 2021.

FMI sobre monitorização fiscal estima que controlar a pandemia em todo o lado 'faria render mais de 1 trilião de dólares em receitas fiscais adicionais nas economias avançadas, [cumulativamente], até 2025, e poupar-se-ia mais em medidas de apoio fiscal'. Por outras palavras, o que os governos gastam em vacinas pode pagar-se a si próprio vezes sem conta. O Fundo também defende veementemente despesas com a educação, para compensar a aprendizagem perdida durante a pandemia e ajudar os trabalhadores a lidar com as mudanças estruturais que se avizinham. [...] A mensagem da antiga sede do 'neoliberalismo' é que para tornar as finanças públicas sustentáveis, os ricos e aqueles que lucraram com a pandemia devem contribuir mais para a causa comum. O FMI chegou mesmo a sugerir que os países ricos poderiam considerar impostos sobre a riqueza líquida, canalizando aparentemente ideias vindas dos senadores americanos de esquerda Elizabeth Warren e Bernie Sanders. Preocupações sobre a desigualdade vinham de todo o lado durante as reuniões da Primavera.[99].

E é talvez ainda mais surpreendente a posição de Vítor Gaspar, actual Chefe do Departamento Financeiro do FMI, que defende que as companhias de alto rendimento, que prosperaram com o coronavírus, deverão pagar taxas adicionais de solidariedade para com os que foram mais prejudicados, o que asseguraria a concretização de um esforço colectivo[100].

Não se poderá esquecer, no entanto, que a 28 de Março de 2021, o secretário-geral das Nações Unidas avisava sobre os riscos da dívida para o mundo em desenvolvimento, considerando que a «ilusão» de estabilidade esconde um endividamento insustentável e uma pobreza crescente[101].

---

[99] Um tanto paradoxalmente, uma das mais ferozes vozes contra a actual política económica vem de um democrata centrista, ex-colaborador de Clinton e Obama, Larry Summers, «a bête noire de Stiglitz» que, em conversa com Martin Wolf, *Financial Times,* 12 de Abril de 2021, afirma: «I'm concerned that what is being done is substantially excessive».

[100] Chris Giles, «IMF Proposes Solidarity Tax on Pandemic Winners and Healthy», *Financial Times*, 7 de Abril de 2021.

[101] Vd. Jonathan Wheatley, «UN Chief Warns of Coming Debt Crisis for Developing World», *Financial Times*, 28 de Março de 2021.

Com algum atraso, mas grande força, parece confirmar-se a previsão de David Stuckler e Sanjay Basu, ao estabelecerem um nexo entre a despesa com a saúde e a produtividade, considerando que a canalização de fundos de estímulo pode aumentar a produtividade e alimentar uma recuperação.

Impressiona muito a inversão do tempo de teimosia dos austeritários restando-nos esperar que não mudem de posição rapidamente, vista a facilidade com que agora o fazem.

Não podemos, por outro lado, esquecer que, apesar de termos ultrapassado em muito um ano de vida em situação pandémica, novos problemas surgem em permanência, como a diversidade das estirpes e o agravamento da situação em países menos desenvolvidos, com um especial relevo para a Índia, gerando incerteza quanto à evolução da doença, ainda que, em meados de Maio de 2021, um documento de discussão técnica divulgado pelo FMI aponte para um maior optimismo[102].

Convém também recordar que a história das pandemias mostra como foi difícil a erradicação de pandemias com a mesma base SARS-CoV-2, contrariamente ao que sucedeu nas doenças com origem diversa[103].

Os investigadores que têm trabalhado o tema têm acentuado que a vasta maioria dos últimos surtos epidémicos se ficou a dever a alterações do ecossistema. Em entrevista ao jornal português *Fumaça*[104], Christovam de Barcellos analisa os riscos mundiais provocados pela desflorestação da Amazónia, sustentando que a intensificação dos desmatamentos e queimadas, somada à alta circulação de pessoas na região, pode tornar o Brasil o epicentro de uma nova pandemia:

---

[102] Ruchir Agarwal e Gita Gopinath, «A Proposal to End the covid-19 Pandemic», IMF-Staff Discussion Notes, 19 de Maio de 2021.

[103] Vd. a feliz síntese de Mark Honigsbaum, «How do Pandemic End? In different ways, but it's never quick and never neat», *The Guardian*, 12 de Março de 2021.

[104] 18 de Março de 2021; disponível em: https://fumaca.pt/christovam-barcellos-brasil-epicentro-pandemia-mundial/.

«A gente não tem muito domínio sobre o que está acontecendo na Amazónia e [sobre] a quantidade de animais e microorganismos que existem na Amazónia. Alguns desses microrganismos podem fazer esse salto ecológico e alcançar as populações humanas.»

Por outro lado, Barcellos estende o alerta a outras regiões do globo, como a Sibéria: «A Sibéria é uma região muito delicada. Foi, durante alguns milhares de anos, um lugar com muita vida animal. Depois aquilo sofreu um processo de soterramento pelo gelo, que a gente chama de *permafrost*, que quer dizer permanentemente congelado. Não é à toa que, com o aquecimento global, estão se descobrindo fósseis interessantíssimos na Sibéria. Fósseis humanos e fósseis animais. Há pouco tempo se viu um mamute quase intacto na Sibéria. Imagina a quantidade de bactérias e de vírus que tem ali naquele animal que há milhares de anos não circula?»

Também do ponto de vista económico persistem as incertezas. Carmen Reinhart e Vincent Reinhart recordam[105]:

> *O historiador Henry Adams observou uma vez que a política tem a ver com a organização sistemática de ódios. Os eleitores que perderam os seus trabalhos, que viram os seus negócios fechar, que esgotaram as suas poupanças estão zangados. Não há garantias que esta raiva seja canalizada numa direcção produtiva pela classe política actual — ou por aquelas que virão a seguir se os políticos no poder forem derrotados. Vagas de nacionalismo populista costumam crescer em situações de fragilidade económica, pelo que a desconfiança no seio da comunidade global é quase certa de aumentar. Isto irá acelerar o declínio do multilateralismo e pode vir a criar um círculo vicioso ao reduzir ainda mais as perspectivas económicas futuras. Foi precisamente isso que aconteceu no período entre-guerras, quando o nacionalismo e as políticas proteccionistas do «salve-se quem puder» floresceram.*

---

[105] *Foreign Affairs*, Setembro-Outubro de 2020.

O facto de sabermos que o processo de erradicação ou pelo menos de «domesticação» da covid-19 será complexo deve levar-nos a pensar nas melhores formas de o concretizar com êxito.

Marcia Inhorn e Peter Brown no já citado estudo de 1990 intitulado «A Antropologia de Doenças Infecciosas»[106], estimavam que as doenças infecciosas «provavelmente acabaram com mais vidas do que todas as guerras, doenças não infecciosas e desastres naturais juntos".

«Num ano bom, a gripe mata mais de 10.000 americanos», diz Thomas Friedman, director do Centro de Controlo e Prevenção de Doenças. «Num ano mau, mata mais de cinco vezes isso. Se tivermos uma pandemia, será muito pior. As pessoas pensam que a gripe A (H1N1) não foi assim tão má. Mas mais de 1.000 crianças americanas morreram com a gripe A».

Importa, assim, ter presente que aparecerão mais pandemias que exigem um grau de preparação muito superior àquele que se verificou com a presente, que se torna necessário uma muito maior celeridade na divulgação e um alerta generalizado a nível mundial e que será preciso promover uma cooperação científica internacional especialmente activa.

Outras prevenções a ter colocam-se no domínio da liderança e da consistência da direcção da área da saúde, o combate determinado à especulação e às *fake news*, a elaboração de *guidelines* para indicar as formas de prevenção dos cidadãos, o estabelecimento de limites às viagens e de fiscalização dos passageiros, a criação de sistemas de testagem e rastreamento de contactos, armazenamento da medicação e equipamentos necessários, a conservação em níveis elevados das infra-estruturas hospitalares, a protecção dos trabalhadores da saúde e a sua preparação para lidar com este tipo de doença e a preparação do público para as implicações da pandemia.

---

[106] Ob. cit..

Do que se passou até agora é possível concluir que a cooperação internacional esteve longe de atingir o grau que teria permitido um combate mais efectivo à doença; que não foi possível conseguir um consenso generalizado na população dos países; que se tornou evidente que a saúde ainda não é um *bem público comum*; que as organizações internacionais que lidam com a matéria não dispõem dos recursos financeiros nem dos poderes de autoridade necessários; que não há qualquer cuidado na prevenção destas situações e que os conhecimentos científicos não permitem garantir se haverá uma erradicação ou não e, na afirmativa, quando poderá ela ocorrer.

Joseph Stiglitz, com a sua lucidez de sempre, assinala[107]:

> *Para além das incertezas associadas às potenciais ondas futuras de infecções covid-19 — como a que se abateu sobre a Europa e os Estados Unidos no final de 2020 — haverá duas questões fundamentais em 2021. Será que a União Europeia e os Estados Unidos vão implementar programas de recuperação com a magnitude necessária para restaurar a economia global? E será que a comunidade internacional se vai juntar para prestar o auxílio necessário ao mundo em desenvolvimento?*
>
> *A chefe do Fundo Monetário Internacional, Kristalina Georgieva, já pediu 500 mil milhões de dólares adicionais de emissão de Direitos Especiais de Saque (DES), o que seria extremamente útil para relançar a economia global, especialmente agora que vários países ricos se comprometeram a doar ou emprestar as suas partes aos países que mais precisam*
>
> *Do mesmo modo, há uma necessidade urgente de uma maior liderança na reestruturação da dívida. A recessão da covid-19 colocou muitos países em desenvolvimento e mercados emergentes numa posição financeira precária.*
>
> *Está totalmente ao nosso alcance construir um mundo pós-pandémico que seja mais sustentável, justo, cooperativo e competente do que aquele que tínhamos antes da crise.*

---

[107] *Project Syndicate*, Janeiro de 2021.

Nouriel Roubini, por seu turno, tem acentuado o desenvolvimento da desigualdade no processo de saída da crise, escrevendo a este propósito:

> *Estas tendências alargaram o fosso entre Wall Street e Main Street, reflectindo uma recuperação em forma de K na economia real. Aqueles com rendimentos estáveis que conseguem trabalhar a partir de casa e usar reservas financeiras estão a sair-se bem; aqueles que estão desempregados ou em trabalhos precários com salários baixos estão a sair-se mal. A pandemia está assim a plantar as sementes para uma maior agitação social em 2021.*
>
> *A covid-19 acelerou esta concentração de riqueza, porque o que é mau para a Main Street é bom para Wall Street. Ao acabar com bons trabalhos assalariados e depois voltar a contratar trabalhadores por conta própria em registo* part-time *ou pago à hora, as empresas conseguem aumentar os seus lucros e o preço das acções; estas tendências vão-se acelerando ao longo do tempo com o uso cada vez mais amplo de inteligência artificial e outras tecnologias de capital intensivo que substituem a mão-de-obra.*

PARTE II

COMO LIDÁMOS COM ANTERIORES CRISES

1. ESTAREMOS CONDENADOS A VIVER COM CRISES?

De quanto ficou visto até agora, fica-nos a dúvida sobre se estaremos condenados a viver com a ameaça de crises, com origens financeiras ou sanitárias, cujos efeitos em qualquer caso se misturam e agravam, como demonstraram de forma brilhante David Stuckler e Sanjay Basu[108].

Apesar das diferenças, é fundamental recordar as formas como se operaram as saídas das que estão mais próximas de nós e que atingiram dimensões de intervenção pública impressivamente significativas. Escolhemos, assim, a grande depressão de 1929 e o Programa de Combate — o New Deal —, a grande depressão europeia que se seguiu à Segunda Guerra Mundial, com o Plano Marshall e a cooperação económica no continente europeu, a crise do *subprime* de 2008 e o seu prolongamento na crise das dívidas soberanas de 2010-2014.

2. O *NEW DEAL*: UM PRESIDENTE CONTRA A CRISE

O *New Deal* terá constituído a mais marcante de todas as experiências de apoio financeiro generalizado patrocinado pelo Estado, ficando assinalada como matriz de pensamento daqueles que se preocupam com o futuro das suas

---

[108] *The Body Economics. Why Austerity Kills*. Nova Iorque: Basic Books, 2013.

comunidades e do mundo. A experiência mesmo nos segmentos em que não correspondeu aos ideais de todos, teve um papel decisivo na recuperação das feridas abertas na sociedade pela *grande depressão* e na devolução da esperança aos cidadãos que a crise lançara no desemprego e na miséria nos anos que a antecederam.

O *New Deal* fez parte do programa com que o Presidente norte americano Franklin Delano Roosevelt se apresentou às eleições, em 1933, num processo de grande estímulo e aproximação à comunidade e às dificuldades que esta enfrentava no quotidiano. Entre os inúmeros e poderosos reptos à coragem que Roosevelt lançou aos seus concidadãos figura o célebre «*The only thing we have to fear is fear itself*».

A experiência do *New Deal* transporta-nos para as fortes imagens cinematográficas de um dos filmes de culto de sucessivas gerações, *As Vinhas da Ira*, que ficou como o extraordinário retrato da grande depressão e, em especial, da coragem do discurso de Tom Joad: «*a fella ain't got a soul of his own, but on'y a piece of a big one. I'll be all aroun' in the dark. I'll be ever'where — wherever you look. Wherever they's a fight so hungry people can eat, I'll be there. Wherever they's a cop beatin' up a guy, I'll be there. I'll be in the way kids laugh when they're hungry an' they know supper's ready. An' when our folks eat the stuff they raise an' live in the houses they build — why, I'll be there.*»

Poucos poderiam com o ar magoado e transparente de Henry Fonda transmitir a determinação das vítimas da grande depressão e a determinação de se reerguer.

Mas a determinação individual de Tom Joad é também reflexo de um enorme esforço colectivo feito pelo Estado, paradoxalmente num dos países em que menos se acreditava na acção pública e se idolatrava a capacidade individual.

Bem exemplar deste posicionamento foi o do antecessor de Roosevelt, Herbert Hoover que, a braços com uma enorme crise, se limitou a deixar funcionar os mecanismos tradicionais da economia e a anunciar que a prosperidade estava ao canto da esquina, esquina que, no seu tempo, não se chegou a vislumbrar.

Já Roosevelt tinha uma perspectiva totalmente diferente e que permitiu que não acontecesse nos Estados Unidos aquilo que sucedera em tantos países da Europa ou da América Latina onde a instalação da miséria e a desigualdade favoreceram a emergência de regimes autoritários e de golpes de estado militares.

O *New Deal* foi a resposta à *grande depressão* que atingiu os Estados Unidos no final da década de 20 e no início da de 30 do século passado, propagando-se um pouco por todo o mundo, face à inércia dos poderes públicos. Compreendia uma série de programas de diferente natureza, como projectos de obras públicas, projectos agrícolas, reformas financeiras, aprovados pelo Congresso, sob a forma de leis e por ordens executivas presidenciais promulgadas pelo Presidente Franklin D. Roosevelt entre 1933 e 1939. Os principais programas e agências incluíam o *Civilian Conservation Group* (CCG), a *Civil Works Administration* (CWA), a *Farm Security Administration* (FSA), a *National Industrial Recovery Act* de 1933 (NIRA) e a *Social Security Administration* (SSA). Estes programas prestaram apoio a agricultores, desempregados, jovens e idosos. O *New Deal* incluiu novas restrições e salvaguardas na indústria bancária e esforços para voltar a inflacionar a economia depois da queda abrupta dos preços.

Em rigor, costuma-se falar em dois *New Deal* ou mesmo três, tendo o último conhecido apenas um começo de execução e dado lugar à preparação para a guerra.

Entre 1929 e 1933, a indústria norte-americana reduziu-se em um terço, assistiu-se a uma deflação com uma queda de 20% dos preços, o que tornou o pagamento de dívidas muito difícil. O desemprego atingiu os 25% e um terço dos empregados viram os ordenados reduzidos ou passaram a *part-time*. No total, apenas 50% da força de trabalho era utilizada.

Os depósitos bancários não dispunham de seguro e quando milhares de bancos fecharam, os depositantes perderam os depósitos, num ambiente em que não existia qualquer rede de protecção social ou seguro de desemprego e em que o auxílio contra a pobreza dependia exclusivamente das famílias, de associações particulares de caridade e dos governos locais, o que levava a que as condições piorassem ano após ano. A procura esfumou-se, o rendimento das propriedades agrícolas diminuiu para metade e quase 900.000 propriedades com empréstimos bancários foram executadas. A depressão quase destruiu a Nação.

Ao aceitar a nomeação pelo Partido Democrático, Roosevelt proferiu pela primeira vez a expressão *New Deal*, afirmando: «Por toda a nação, homens e mulheres, esquecidos na filosofia política do Governo, procuram aqui orientação e oportunidades mais equitativas de partilha na distribuição da riqueza nacional. Comprometo-me a um novo acordo para o povo americano. Isto é mais que uma campanha política. É um apelo às armas».

No plano político, entre as várias inovações trazidas pela presidência Roosevelt figura a prática dos cem primeiros dias, que correspondeu a um prazo inicial da presidência, durante a qual foram aprovadas e anunciadas algumas das medidas mais importantes previstas para o mandato.

Os primeiros cem dias da presidência de Franklin D. Roosevelt começaram a 4 de Março de 1933, dia em que Roosevelt foi empossado como 32.º Presidente dos Estados Unidos. Logo aí, sinalizou a sua intenção de agir com uma rapidez sem precedentes para resolver os problemas que a nação enfrentava, declarando no seu discurso inaugural: «Estou preparado, sob o meu dever constitucional, para recomendar as medidas que uma nação ferida no meio de um mundo ferido mais precisa». As prioridades específicas que definiu para o início da sua presidência consistiam em fazer com que os americanos voltassem ao trabalho, proteger as suas poupanças, criar prosperidade, proporcionar alívio para os doentes e idosos e recuperar a indústria e a agricultura.

Iniciado o mandato, o Presidente convocou imediatamente o Congresso dos Estados Unidos para uma sessão especial de três meses, durante a qual apresentou e conseguiu passar rapidamente uma série de 15 grandes projectos de lei destinados a contrariar os efeitos da Grande Depressão. Para além disso, durante os seus primeiros 100 dias, produziu 76 actos legislativos, a maioria deles direccionados ao relançamento da economia dos Estados Unidos através de vários projectos de obras públicas. Muitos dos outros presidentes eleitos a seguir aos três mandatos de Roosevelt seguiram a sua iniciativa e tomaram uma série de decisões significativas durante os primeiros 100 dias.

Embora o principal objetivo de Roosevelt fosse aumentar o nível de emprego, ele também reconheceu a necessidade de criação de um sistema de apoio para os mais pobres. A Administração Federal de Socorro de Emergência, cuja actividade se iniciou em 1933, foi ao encontro das carências mais prementes dos segmentos mais pobres da população. Gastou 500 milhões de dólares em cozinhas comunitárias, cobertores, esquemas de emprego e jardins de infância. A Administração Federal de Ajuda de Emergência foi encerrada em 1935, substituída por duas agências federais completamente novas, a Administração do Progresso das Obras e a Administração da Segurança Social, que tomaram conta e expandiram os projectos a cargo daquela antiga Administração, nomeadamente de construção, de ajuda a profissionais na área da cultura e na produção de bens de consumo. Também se concentraram em oferecer comida aos mais pobres, educar trabalhadores e fornecer quase 500.000 empregos para as mulheres.

É curioso notar que, ainda que Roosevelt tivesse tentado incluir expressamente um programa para o tratamento da saúde, não o logrou fazer passar devido à oposição da Associação dos Médicos Americanos e das Companhias de Seguros que o criticaram por pretender a saúde socializada[109]. O seu sucessor, Truman, que se empenhou profundamente

---

[109] Edgar Sydenstricker, «Health in the New Deal», in *The Annals of the American Academy of Political and Social Science*, Vol. 176, Social Welfare in the National Recovery Program (Nov. 1934), pp. 131-137.

na tarefa, não conseguiu melhores resultados. Este continua a ser um ponto crítico e de debate muito aceso nos Estados Unidos, mesmo que muitos defendam com fervor a assistência pública e o fizessem já no tempo do *New Deal*.

Apesar da enorme popularidade de Franklin Roosevelt e da sua determinação em melhorar a vida dos cidadãos, nem sempre houve unanimidade entre os seus próprios apoiantes, havendo quem o considerasse demasiado esquerdista e quem o olhasse como excessivamente conservador.

A experiência económica de Roosevelt revelou-se de uma extraordinária importância para a resolução dos problemas económicos do país e também pela influência que exerceu no estrangeiro e junto daqueles que, como Keynes, preconizavam uma forte intervenção estatal. Depois de uma visita aos Estados Unidos, Keynes viria, aliás, a considerar que a actuação de Roosevelt não estava a ser suficientemente decidida e poderia dar lugar a uma nova recessão[110]. Na Primavera de 1934, ainda que as medidas dos primeiros cem dias tivessem tido resultados limitados, tinham recriado no país a esperança de que a crise seria ultrapassada. Os conservadores tinham-se afastado de Roosevelt mas eram muitos os americanos a apoiar os seus programas, como se verificou nas eleições para o congresso de 1934, quando os democratas aumentaram ainda mais a vantagem de que dispunham.

Porém, muitos milhões de americanos continuavam desempregados e as eleições presidenciais poderiam levar ao aparecimento de um terceiro candidato da área democrata.

---

[110] Sobre o *New Deal* ver, entre outros, Michael Hiltzik, *The New Deal. A Modern History*. Free Press, 2011; William E, Leuchtenburg, *Franklin D. Roosevelt and the New Deal*, Harper and Row, 1963; Kiran Klaus Patel, *The New Deal, A Global History*, Princeton University Press, 2016 e a extraordinária obra de Arthur Schlesinger, *The Age of Roosevelt*, 3 vols., Riverside Press, 1957-1960. É também muito útil a consulta dos *sites* da Fundação Roosevelt e do Instituto Roosevelt.

Nesse contexto, Roosevelt pediu ao Congresso que aprovasse legislação adicional que ficou normalmente conhecida pelo Segundo New Deal em 1935, entre a qual se destacava o *Security Act*, o *Work Progress Administration* (WPA), e especialmente o *Social Security Act* que, pela primeira vez, criava uma rede de segurança para todos os americanos com protecção no desemprego e na velhice. Estima-se que o *Work Progress Administration* tenha empregado mais de 8 milhões de trabalhadores em infra-estruturas e programas de arte entre 1935 e 1943, ano em que o órgão acabou por ser dissolvido.

Nas eleições para o segundo mandato, com o firme apoio de agricultores, trabalhadores e dos sectores mais desfavorecidos da população, Roosevelt só não triunfou no Maine e em Vermont.

No discurso de posse manifestou a sua determinação em ir mais longe, dada a grande maioria parlamentar, afirmando: «só vejo um terço desta nação com boa habitação, bem vestida e bem alimentada». O Presidente aprofundou, a partir daí, a luta com o Supremo Tribunal de Justiça profundamente conservador e que vinha bloqueando muitas das suas medidas, tendo conseguido uma alteração na sua composição e na sua jurisprudência.

Em 1937, Roosevelt quase provocou uma nova depressão, ao voltar ao orçamento equilibrado, que abandonaria de novo em 1938, mas depois de resultados congressionais frustrantes que o deixaram em pior posição e fizeram com que se falasse no fim do *New Deal*.

Quando se regressa ao *New Deal* não se pode ignorar o esforço feito no campo artístico para contrariar as forças extremistas de direita, racistas e antissemitas, dirigidas por figuras como Henry Ford e Charles Lindbergh, enquanto milhões de pessoas ouviam o padre Charles Coughlin falar contra os emigrantes e a favor do fascismo, cujos ventos sopravam na Europa. O desemprego entre os afro-americanos atingia os 50%.

O *New Deal* não foi, de facto, apenas um programa de recuperação económica, antes sendo um vasto movimento cívico que uniu intelectuais, escritores, realizadores e actores em torno da crença na capacidade de regeneração da sociedade, com a criação de novos e mais justos equilíbrios e que, por isso mesmo, passou a ser uma referência de esperança no futuro e um objecto de ódio dos sectores de direita radicais.

3. O PLANO MARSHALL

São já poucos os europeus que tiveram um contacto directo com o Plano Marshall e com a extrema miséria em que se vivia no continente europeu e que levou à concretização de um plano em que os Estados Unidos aplicaram em ajuda externa à Europa 12 mil milhões de dólares (correspondentes hoje a 130 mil milhões), com o objectivo de recuperar o tecido produtivo, assegurar o emprego e as trocas comerciais e travar os regimes comunistas.

Muitos são os livros que, com maior ou menor frieza, com mais ou menos emoção, nos falam dessa época. Tony Judt, uma das últimas grandes figuras intelectuais do século XX, conjugou, talvez melhor do que ninguém, as duas abordagens possíveis, levando-nos a sentir o ambiente da época e as incertezas que se perfilavam, ao mesmo tempo que interpreta com grande subtileza os acontecimentos.

Participaram ao todo 18 Nações, tendo a maior fatia de apoio ido para o Reino Unido (26%), França (18%) e Alemanha, o antigo inimigo (11%). A União Soviética recusou qualquer ajuda e impediu os países que estavam na sua órbita de o receberem. A Espanha não foi convidada e Portugal negou o auxílio com soberba para recebê-lo mais tarde, a contragosto e num volume inferior ao que gostaria de ter recebido. Significativo é um discurso do ministro Caeiro da Mata, em 22 de Setembro de 1947: «Uma severa acção administrativa e financeira e a capacidade de sacrifício do povo português permitiram que, nos últimos vinte anos, o orçamento português se mantivesse equilibrado e a moeda estável; sobre estas bases assegurou-se à produção do país um progresso sem interrupções correspondente à melhoria do nível social do povo português. As felizes condições internas de Portugal permitem-me declarar que o meu país não precisa de ajuda financeira externa»[111].

Nos anos que se seguiram à Guerra, as dificuldades na recuperação económica e anímica da Europa foram dramáticas. Aqueles que tinham chefiado o combate à barbárie nazi, bem como os que, dirigidos por Adenauer, tentavam reconstruir a Alemanha e reabilitá-la aos olhos do restante Mundo, depararam-se com não poucas dificuldades, em face de países destruídos e populações em sofrimento. Necessitaram de uma enorme dose de energia, pragmatismo e coragem para pôr de pé os seus países.

Setenta e cinco anos depois e, apesar do longo período de paz vivido pela Europa, com a excepção dos violentos combates dos Balcãs e de outras situações dramáticas resultantes do reajustamento do antigo império soviético, a Europa foi, de novo, confrontada com imagens de miséria e sofrimento que, ainda que longe da devastação dos anos 40, correspondem a visões que durante décadas se pensaram afastadas do Continente.

A propósito de uma situação que muito se agravou, depois da data em que escrevia, 1994, mas em que se faziam sentir já os efeitos da opção neoliberal, Jacques Le Goff apelava para que as cidades europeias não ficassem «ainda mais juncadas de cadáveres dos vencidos da exclusão» e, a esse propósito, uma infinidade de títulos e de imagens ilustrativas desta situação perpassa a nossa mente. Numa Europa escondida atrás de tacticismos e silêncios cúmplices, a grande voz de indignação veio do Papa Francisco: Não à economia da exclusão. Não ao desemprego, consequências visíveis da política de austeridade por que optou a Europa.

---

[111] Citado por Maria Fernanda Rollo, «Portugal e o Plano Marshall: História de uma Adesão a Contra-Gosto (1947-1952)», *Análise Social*, volume XXIX (4.º).

A questão que se colocava aos dirigentes do pós-guerra era a de saber o que fazer com a Europa. Melhor do que ninguém, Churchill respondeu, em Zurique, em 1946: «É imperioso construir uma espécie de Estados Unidos da Europa. Só desta forma centenas de milhões de trabalhadores poderão recuperar as alegrias e esperanças simples que dão sentido à vida. O processo é simples. Basta a determinação de centenas de milhões de homens e mulheres empenhados em fazer o que está certo em vez do que está errado, para ter por recompensa felicidade em vez de sofrimento.»

Churchill soube, no início da Segunda Guerra Mundial, mobilizar os ingleses, tornando claro que, contra a barbárie, apenas tinha para oferecer sangue, suor e lágrimas. Os tempos eram outros: os de assegurar que o sangue, suor e lágrimas eram recompensados com uma vida digna de ser vivida, recusando pactuar com uma situação de destruição e de conflitualidade latente. Unir a Europa era uma prioridade, e o grande político inglês não hesitou: «O primeiro passo para a recriação da família europeia tem de passar por uma parceria entre a França e a Alemanha. Só desta maneira é que a França poderá recuperar a sua costumada liderança da Europa. A Europa não pode renascer sem uma França espiritualmente grande e sem uma Alemanha espiritualmente grande. Os Estados Unidos da Europa, a concretizar-se, tornará menos importante a força material de um único Estado».

Ainda antes, viria da Inglaterra outra das inspirações-chave para a integração europeia, com a criação de um modelo social, reforçando substancialmente o Estado Social, através da criação do *National Health Care*. Eram tempos de energia e entusiasmo quanto ao futuro e em que urgia dizer não ao passado.

O problema da Europa estava longe de ser apenas um problema político. Muito pelo contrário, as condições económicas e, particularmente, a destruição do tecido produtivo e a escassez de dólares geravam problemas inultrapassáveis sem apoio externo. O desespero e sofrimento do continente europeu e os riscos que lhe andavam associados não eram perceptíveis apenas na Europa. Se a entrada dos Estados Unidos na Guerra fora decisiva para a vitória das forças democráticas, o apoio norte-americano à reconstrução pós-guerra vai-se tornar, de novo, fundamental.

Dos Estados Unidos, a *doutrina Truman*, com uma clara dimensão política e geoestratégica, concretizava-se no Plano Marshall. Num discurso na Universidade de Harvard, o senador americano alongara-se na descrição da situação de destruição e fome na Europa e nos riscos políticos daí resultantes, para concluir: «... é lógico que os Estados Unidos façam tudo aquilo que puderem para auxiliar o regresso da saúde económica normal ao Mundo, sem a qual não pode haver estabilidade política e paz garantida. A nossa política dirige-se não contra qualquer país ou doutrina, mas contra a fome, a pobreza, o desespero e o caos. O seu propósito deve ser o renascimento de uma economia mundial que funcione, para permitir a emergência de condições sociais e políticas em que possam existir instituições livres.»

As campainhas de alarme soaram na Grécia. Num discurso às duas Câmaras reunidas do Congresso, em 13 de Março de 1947, Truman caracterizava a situação na Grécia:

> *A Grécia não é um país rico. A falta de recursos naturais sempre forçou o povo grego a trabalhar duramente para fazer face às despesas. Desde 1940, este país trabalhador e amante da paz sofreu uma invasão, quatro anos de ocupação inimiga cruel e de uma amarga luta interna.*
>
> *Quando as forças de libertação entraram na Grécia, descobriram que os alemães, aquando da retirada, tinham destruído praticamente todas as linhas férreas, estradas, portos, comunicações e Marinha Mercante. Mais de mil aldeias tinham sido queimadas. Oitenta e cinco por cento das crianças eram tuberculosas. Aves, gado e animais de trabalho tinham desaparecido quase integralmente. A inflação tinha dizimado praticamente todas as poupanças.*

E, dessa verificação, Truman passava para as seguintes conclusões:

> *Como resultado destas condições trágicas, uma minoria militante, explorando a vontade humana e a miséria, foi capaz de criar caos político que fez com que, até agora, a recuperação económica fosse impossível.*
>
> *A Grécia está hoje em dia sem fundos para financiar a importação destes produtos que são essenciais para a sua subsistência. Sob estas circunstâncias, o povo grego não pode realizar progressos na resolução dos seus problemas de reconstrução. A Grécia necessita desesperadamente de assistência financeira e económica que lhe permita retomar as compras de alimentos, roupas, combustíveis e sementes. Estes bens são essenciais para a subsistência do povo grego e apenas podem ser obtidos através do estrangeiro. A Grécia tem de ter ajuda a importar os produtos necessários para poder restaurar a ordem.*

A partir de 1947, tornou-se claro que o esforço de reconstrução da Europa implicava uma cooperação de dimensões totalmente inovadoras entre os Estados. Com razão, Martins da Silva recorda a unidade europeia como uma pretensão da América e um imperativo para a Europa, o que não deixa de encerrar alguma ironia já que, por vezes, a criação dos Estados Unidos da Europa apareceu como um desafio aos Estados Unidos da América.

No plano económico, a exigência dos Estados Unidos na coordenação do auxílio económico levara à criação, logo em 1948, da Organização para a Cooperação Económica Europeia, mais tarde transformada em OCDE, e os resultados conhecidos durante este primeiro período não podem deixar de ser considerados encorajadores[112].

---

[112] J. Bradford de Long e Barry Eichengreen, «History's Most Successful Structural Adjustment Program», in Rudiger Dornbusch, Wilhelm Nölling, Richard Laylard, *Postwar Economic Reconstruction and the Lessons for The East Today*. Cambridge: MIT Press, 1993.

Foram evidentes os benefícios económicos para a Europa, particularmente traduzidos na possibilidade que abriu de importação de bens, viabilizando uma recuperação bem mais rápida, menos traumática e menos arriscada politicamente. Tony Judt recorda um editorial do *Times*, de 3 de Janeiro de 1949, onde se podia ler que «quando se coloca em confronto os esforços de cooperação do ano transacto com o forte nacionalismo económico dos anos decorridos entre as duas guerras, podemos seguramente aventar a hipótese de que o Plano Marshall está a dar início a uma nova e esperançosa era da história europeia».

4. DA TRANQUILIDADE À CRISE DE 2008

Tinha o grande filósofo toda a razão e as décadas que se seguiram na Europa até aos anos 70 do século passado foram de vida tranquila, com a instalação de *estados de bem-estar*, com *nuances* é certo entre eles, mas uma especial preocupação com os cuidados hospitalares. Excepções foram a manutenção das ditaduras espanhola e portuguesa e, por um menor período de tempo, grega, com violações dos direitos humanos, o atraso económico destes países e, bem assim a divisão do Continente em dois blocos.

Ao longo de mais de duas décadas não se verificaram perturbações financeiras. A partir dos anos 70, com as crises petrolíferas, a instalação e proliferação do neo-liberalismo crescentemente dominante nos meios universitários e na acção política — em que pontificavam dirigentes como Margareth Thatcher e Ronald Reagan —, a diabolização do Estado e a glorificação dos mercados acompanhada de uma desregulação furiosa, entrou-se numa espiral de crises. Foram seguramente à volta de trinta, muitas delas ligadas a áreas delimitadas, como a América Latina, a África ou os tigres asiáticos, e outras aos mercados de capitais, como as crises da *dotcom*.

Mas, foi a crise de 2007-2008, vulgarmente designada crise do *sub-prime* de 2008 ou «bolha do imobiliário» que veio recordar, no seu impacto, a Grande Recessão que antecedeu o *New Deal*, e ganhou uma grande projecção, pelo pensamento económico que gerou, pelas correspondentes políticas postas em prática, que conheceram o seu pleno desenvolvimento na impropriamente chamada *crise das dívidas soberanas* que atingiu fortemente Portugal.

Se é verdade que esta ainda é uma crise que vai recorrer ao poder público, o que é totalmente inovador é o facto de o auxílio beneficiar claramente as classes mais favorecidas, a pretexto de garantir a estabilidade dos bancos e dos mercados de capitais.

A verdade, porém, é que, muito do dinheiro que o Estado aplicou e permitiu salvar accionistas de referência, não impediu a perda das poupanças de milhões e milhões de pequenos depositantes ou accionistas, como soubemos tragicamente entre nós com o caso do Grupo Espírito Santo.

Tínhamos atingido então o apogeu da euforia bolsista. Os valores de solidariedade tinham sido substituídos pelos do individualismo. Muito exemplificativo de tudo isso foi o filme de Oliver Stone, *Wall Street*, em que um *broker* especialmente inescrupuloso antecipava numa conferência o slogan «*greed is good*». O realizador esperava provocar a repulsa de quem assistia, mas em vez disso, criava o hino de uma geração, que o primeiro ministro britânico Boris Johnson recuperou, com a afirmação de que o sucesso da vacina da AstraZeneca se ficara a dever ao «capitalismo» e à «ganância», esquecendo as centenas de milhões de investimento e compras públicas.

Uns anos mais tarde, o veterano realizador Costa Gravas, em *O Capital*, mostrava a enorme euforia da assembleia geral de um banco quando um dos candidatos à presidência, cuja fidelidade à ideologia dominante suscitava dúvidas, proclamava: «somos como o Robin Hood; roubamos aos pobres para dar aos ricos».

O discurso da legitimidade do aumento da riqueza fundamentava-se crescentemente na ideia de que se os mais ricos fossem deixados livres para utilizar o dinheiro e pagassem menos impostos do que os pobres, eles tratariam da prosperidade da economia e da criação de empregos.

Essa enorme falácia ganhou adeptos por todos os lados e em todas as classes sociais. Com uma enorme habilidade que passou pela criação de universidades totalmente alinhadas com as ideias neoliberais, com a captura maciça de uma comunicação social pronta a fazer essa propaganda, tudo se foi tornando fácil.

Aqueles que se mantinham fora do credo foram sendo progressivamente afastados e tratados com o desprezo que mereciam, como responsáveis pelo Estado-Leviatã, origem de todas as desgraças financeiras e outras.

A depressão financeira de 2008 fez-se sentir de um modo global em todas as economias, com graus muito diferentes de país para país, mas sendo unanimemente considerada a mais grave crise desde 1929.

A sua emergência está ligada a diversas causas, com relevo para a bolha de imobiliário de 2005, quando se verificou uma queda abrupta de preços que levou à quebra do valor das hipotecas e ao descalabro de bancos de investimento que tinham financiado essas operações com engenhosos, mas arriscadíssimos investimentos.

Esses foram anos marcados por um exorbitante crescimento dos preços dos bens e de um *boom* da procura (o fenómeno do consumismo). O desenvolvimento de *shadow banking* e a forma como foi atingida pelas sucessivas falências do imobiliário levou a uma corrida aos bancos que se estendeu rapidamente a bancos de investimento e comerciais, causando um número de falências significativo, a mais marcante das quais foi a do *Lehman Brothers*.

Seguiu-se uma quebra profunda do comércio internacional, que aumentou o desemprego e fez descer os preços. Economistas e Governos interessaram-se pelos estímulos económicos para reduzir o risco do sistema financeiro, embora alertando para que eles deveriam ser retirados logo que possível.

O Relatório da Maioria, elaborado pela *US Financial Crisis Inquiry Commission*, composta por seis Democratas e quatro Republicanos, concluiu, em 11 de Janeiro de 2021, que «a crise era evitável e tinha sido provocada pela generalizada falta de regulação, incluindo a incapacidade da Reserva Federal para travar a vaga de hipotecas tóxicas. Entre as causas da crise foram apontadas as seguintes:

- O falhanço dramático e generalizado da regulação, incluindo a incapacidade da *Federal Reserve* para lidar com as hipotecas tóxicas;
- As dramáticas quebras na governação das empresas, incluindo muitas firmas financeiras que assumiram demasiados riscos e actuaram imprudentemente;
- A quebra muito acentuada da qualidade da governação das empresas, incluindo as financeiras, disponíveis para assumir riscos exagerados;
- A menor capacitação dos responsáveis pela política monetária, impreparados para a crise, com falta de uma compreensão global da mesma e falhas a todos os níveis de ética e *accountability*.

As causas que levaram à eclosão da crise estão longa e qualificadamente estudadas, pelo que se trata aqui, essencialmente, de apresentar uma pequena síntese sobre as condições que permitiram o seu aprofundamento.

Se nos concentrarmos essencialmente nas instituições bancárias, o primeiro aspecto que importa sublinhar é que o domínio neoliberal das instituições financeiras internacionais e dos governos levou à destruição de muitas das peças essenciais da regulação criadas na sequência da crise de 1929.

O momento fundamental desse processo foi a revogação, em 1999, nos Estados Unidos, da lei *Glass-Steagall*, de 1933, substituída pela Lei *Gramm-Leach-Bliley*, normalmente apontada como o exemplo típico de sucesso do *lobby* financeiro, que pôs termo à separação entre bancos comerciais e bancos de investimento — que operam normalmente em títulos de mercado imobiliário e envolvem margens de risco elevadas.

Com a nova lei, os depósitos nos bancos puderam passar a ser utilizados também para esse tipo de aplicação, permitindo-se assim um monumental aumento da riqueza financeira, que passou a ser muitas vezes superior à riqueza real, mas criando ao mesmo tempo condições de insegurança, que vieram a ser dramaticamente evidenciadas na crise de 2008.

Nestes anos, conheceu um desenvolvimento aceleradíssimo o chamado *shadow banking system*, uma nebulosa de instituições variadas e não necessariamente bancárias que, prosseguindo os mesmos objectivos dos bancos tradicionais, não aceitam depósitos e escapam, por isso, ao essencial da regulação, estando, todavia, intimamente ligados aos bancos de investimento, inicialmente destinados apenas a angariar fundos para empresas, mas que passam a actuar por conta própria em mercados extremamente voláteis.

Os bancos de investimento vão negociar com um conjunto de fundos que canalizam verbas extremamente elevadas, como os fundos de pensões, os fundos soberanos, os fundos de investimento, os fundos de participação e os *hedge funds*, vocacionados para o investimento em activos de grande risco e susceptíveis de elevados rendimentos.

Vão ser, no entanto, a titularização e os derivados os grandes responsáveis pela euforia financeira e pela queda subsequente.

A titularização, largamente operada com recurso a sofisticados meios tecnológicos, assentou na concentração de inúmeras pequenas operações num só instrumento de dívida, depois revendido, de uma só vez ou em tranches, obtida a validação pelas agências de *rating*, que os qualificaram normalmente com um triplo A.

Esses produtos assentavam, como se veio a verificar, em diversos activos de péssima qualidade. A importância de dispor de créditos para a titularização levou, todavia, os bancos a desenvolverem absurdas políticas de crédito, como as dos chamados empréstimos NINJA (*No Income, No Jobs, No Assets*) concedidos a quem não tinha qualquer possibilidade de reembolso.

Naturalmente que a globalização constituiu o ambiente ideal para sucessivas transacções e para a criação de uma cultura de lucro a qualquer preço e daquilo que Adair Turner chama, com toda a pertinência, «a utopia das finanças para todos»[113], que levaria a que se confrontassem, nos mesmos mercados, agentes cujo grau de informação e possibilidade de actuação racional era muito diverso.

Na loucura que se vai apoderar dos mercados financeiros a partir dos anos 80 e a que nem sequer as crises como a da indústria tecnológica ou dos tigres asiáticos vão pôr cobro — apesar de alguns avisos quanto aos riscos dessa "economia de casino" — reveste-se de especial importância a questão dos incentivos perversos aos operadores.

Os funcionários bancários passaram a receber bónus enormes pelos resultados obtidos no curto prazo, sem cuidar de saber do longo prazo, enquanto a gestão bancária se atribuía a si própria montantes totalmente irrazoáveis.

As gestões profissionalizadas revelaram-se, na generalidade dos casos, bastante alheadas dos interesses dos accionistas e restantes *stakeholders*, actuando em benefício dos seus próprios interesses.

Mas quando se pensa na crise e suas dimensões, não se pode esquecer que se ela é o resultado das alterações legislativas no sentido da desregulação, veio a ser também largamente determinada pela forma como a regulação não foi exercida. O ambiente de euforia financeira transmitiu-se, de facto, aos reguladores que aceitaram um conjunto de pressupostos totalmente injustificados, admitindo ou mesmo estimulando os bancos a assumirem riscos.

---

[113] *Between Debt and the Devil. Money, Credit and Fixing Global Finance*. Princeton: Princeton University Press, 2015.

Importa aqui sublinhar que se a acção dos agentes privados é grave, pela forma como assumiram e criaram riscos susceptíveis de profundos danos sociais, é-o muito mais a acção dos agentes reguladores públicos, que não souberam assumir o interesse geral.

É espantosa a forma como os *lobbies* financeiros foram capazes de transformar uma crise induzida pelos bancos numa crise da dívida soberana, resultante da imensa prodigalidade dos Estados e apresentar os bancos como agentes sem culpa, vítimas de governos e populações irresponsáveis e irreflectidas.

Os efeitos destruidores das soluções tomadas para enfrentar a crise estão em face de todos, mas convém notar que, para além dos profundos dramas individuais, se verificou um abaixamento radical do crescimento, com a consequente reformulação de perspectivas e o já assinalado aumento das desigualdades. Esta crise fez com que o futuro não fosse aquilo que estava para ser e matou a esperança no êxito da intervenção financeira.

PARTE III

COMO SE ESTÁ A REAGIR À PANDEMIA

1. INTRODUÇÃO

Ultrapassadas as crises anteriores com os elevados preços que vimos, estamos agora a braços com a pandemia da covid-19 e os seus efeitos na economia, na sociedade e nas populações, o que exige soluções muito diversas.

De facto, agora que o Estado é chamado, de novo, a ajudar a economia, a recordação dos 3 biliões de dólares gastos em 2008 para benefício exclusivo do sector financeiro exige que sejam desenhadas formas de actuação que não permitam a repetição do que aconteceu, como assinala, Mariana Mazzucato[114]:

> *Estes esforços de salvamento são necessários.*
>
> [...] *O mundo perdeu a oportunidade de o fazer em 2008, mas o destino apresentou uma nova oportunidade. À medida que os países saem da atual crise, podem fazer mais do que estimular o crescimento económico; podem orientar a direção desse crescimento para construir uma economia melhor. Em vez de prestarem assistência sem restrições às empresas, podem condicionar as suas ajudas a políticas que protejam o interesse público e que enfrentem os problemas da sociedade.*

Num momento em que ainda se está longe de saber como se irá ultrapassar ou até se se irá ultrapassar a pandemia da covid-19, assistimos a duas experiências substan-

[114] Mariana Mazzucato, «Capitalism after the Pandemic.Getting the Recovery Right», *Foreign Affairs*, Novembro/Dezembro 2020.

cialmente diferentes: a da União Europeia, marcada pela tradicional prudência e divisão e a norte-americana, liderada pelo presidente Biden, que procura a inspiração no *New Deal*, tendo vindo a receber inesperados apoios da opinião pública interna e das organizações de Bretton Woods.

2. A EUROPA DA PRUDÊNCIA

Olhando hoje para a União Europeia não se pode deixar de admitir que o que nasceu como um grande projecto, susceptível de colocar este grupo de Estados a falar a uma só voz, numa comunhão de valores e interesses que lhes permitiria ombrear com potências como os Estados Unidos ou a Rússia, não logrou alcançar esse desiderato. A pandemia veio tornar mais expostas divisões internas e a formação de grupos com valores inconciliáveis e interesses nem sempre convergentes, o que afectou os termos e tempos de reacção à crise.

No início do ano de 2020, a Europa foi confrontada com um enorme desafio de saúde pública que rapidamente se tornou na mais violenta crise económica da sua história. Desde essa altura, a União Europeia (UE) e os seus Estados-Membros tomaram medidas para ajudar a reparar os danos económicos e sociais, impulsionar a recuperação europeia, proteger e criar postos de trabalho.

A UE apoiou os esforços nacionais para fazer face à crise sanitária e atenuar o impacto do choque económico: mobilizou dinheiro disponível do seu orçamento para lutar contra o vírus; utilizou todas as possibilidades de flexibilização das regras em matéria de orçamento e de auxílios estatais e propôs a criação de um novo instrumento para ajudar as pessoas a manterem os seus empregos (SURE).

Em 27 de Maio de 2020, a Comissão Europeia apresentou uma proposta intitulada «A Hora da Europa: Reparar os Danos e Preparar o Futuro para a Próxima Geração», visando um Plano de Recuperação Económica sustentável, equitativo, inclusivo e justo para todos os países da UE. O Conselho Europeu Extraordinário de 17 a 21 de Julho de 2020 adoptou conclusões que apontaram para a concretização deste Plano.

O Plano de Recuperação Económica da UE assenta em dois instrumentos de apoio financeiro principais: o Próxima Geração UE (750 mil milhões de euros para o período 2021-2024) e o Quadro Financeiro Plurianual (1.074,3 mil milhões de euros para o período 2021-2027). A este esforço financeiro sem precedentes acrescem o SURE (100 mil milhões de euros para o período 2020-2022), o Programa de Compras de Emergência Pandémica do Banco Central Europeu (1.850 mil milhões de euros para o período 2020-2022), o Fundo de Garantia Pan-Europeu do Banco Europeu de Investimento (25 mil milhões de euros para o período 2020-2021) e a Reserva de Ajustamento ao Brexit (5 mil milhões de euros para o período 2021-2024).

Ainda que o esforço configurado no Plano de Recuperação da União Europeia se traduza no maior pacote de medidas de estímulo, há dúvidas quanto à sua suficiência, sobretudo pela demora na sua concretização. Regista-se como particularmente positivo, no Plano, a exigência de que pelo menos 50% das verbas disponibilizadas sejam afectas à modernização do país, em áreas como a investigação e inovação, através do Programa Horizonte Europa, Transição Climática e Judicial Justa, Modernização das políticas tradicionais europeias e protecção da biodiversidade.

O Mecanismo de Recuperação e Resiliência constitui o elemento central de actuação e atingirá um total de 750 mil milhões de euros com 672,5 mil milhões de euros de financiamento novo (dos quais 360 milhões serão empréstimos e 312,5 mil milhões subvenções), aos quais acrescentarão o REACT EU, com 47,5 mil milhões de euros, o Horizonte Europa, com 5,6 mil milhões de euros, o desenvolvimento rural, com 7,5 mil milhões de euros, o Fundo para uma Transição Justa, com 10 mil milhões e o RESCUE com 1,9 milhões de euros.

O financiamento deste esforço financeiro resultará das receitas tradicionais do orçamento europeu, de uma nova contribuição baseada nas embalagens de plástico não recicladas e noutras receitas a adoptar em breve, relacionadas com a adaptação das emissões de carbono nas fronteiras, com um imposto digital, com um regime de comércio de emissão de licenças e com um imposto sobre as transacções financeiras.

Da concretização deste Plano dependerá a recuperação futura de cada país da UE.

O Plano de Recuperação e Resiliência, a chamada «bazuca europeia», é concebido como instrumento complementar do investimento nacional, traduzindo-se em apoios a fundo perdido e, eventualmente, empréstimos orientados para investimentos em áreas definidas na legislação e vertidas nos planos nacionais.

As opções de base do Plano são muito moderadas do ponto de vista financeiro, tendo o Governo anunciado inicialmente que apenas recorreria à parcela de subvenções — evitando os empréstimos para não aumentar a dívida pública nem dificultar a gestão orçamental, quando se regressar à ortodoxia financeira, o que o Executivo parece dar por certo.

Mais recentemente, a última versão admite a possibilidade do recurso a empréstimos até 4.295 milhões de euros para projetos como o parque público de habitação, a capitalização de empresas, o Banco de Fomento e a aquisição de material circulante ferroviário.

No essencial, as áreas abrangidas, obedecendo ao determinado pela legislação europeia, são as seguintes:

O Conselho das Finanças Públicas, adoptando uma postura muito defensiva, como habitualmente, emitiu um parecer em que considera que[115]:

> *Para o período de 2022 a 2025, apesar das previsões serem ligeiramente mais favoráveis do que as elaboradas pelas instituições de referência, essa diferença se deve à incorporação dos efeitos na economia do Plano de Recuperação e Resiliência português, principalmente no investimento (FBCF). Cumpre salientar que, na falta de detalhe suficiente sobre a natureza e montantes das medidas concretas subjacentes ao PRR, o cenário do PE/2021 contempla riscos descendentes diretamente ligados à implementação do Plano, os quais decorrem do perfil temporal assumido para a aplicação dos fundos, da existência e exequibilidade de projetos de investimento que permitam a absorção dos fundos na economia, assim como da natureza produtiva desses investimentos.*

Mais recentemente, a Comissão Europeia apresentou uma nova estratégia para promover a abertura, a solidez e a resiliência do sistema económico e financeiro da UE,

---

[115] «Previsões Económicas Subjacentes ao Programa de Estabilidade de 2021-2025», 14 de Abril de 2021.

assente em três pilares: i) promover um papel internacional mais forte do euro; ii) continuar a desenvolver as infra-estruturas dos mercados financeiros da UE e reforçar a sua resiliência; iii) continuar a apostar na aplicação e no cumprimento uniformes das sanções da UE. Esta estratégia aposta num papel de liderança na governação económica mundial, ao mesmo tempo que protege a UE contra práticas desleais e abusivas.

A recuperação europeia faz-se a um ritmo lento, espelhado no *timing* pouco ambicioso de aprovação dos planos de recuperação e resiliência, num contexto em que muitas economias europeias atravessam um período de grandes dificuldades. O Produto Interno Bruto alemão conheceu, no último quadrimestre, uma quebra de 1,7%, referência não desprovida de impacto, considerando o papel de motor da Europa reconhecido à Alemanha. As perspectivas para os países que dependem em larga medida do turismo, como Portugal, também não são boas, acusando uma quebra de 3,3%.

Os resultados pouco expressivos da União Europeia, quer a nível da vacinação, quer da retoma económica, explicam-se em larga medida pelo modo como foi concebida a integração, inicialmente entendida numa perspectiva profundamente liberal, influenciada pelo ordoliberalismo alemão e de corte com a tradição da Europa Social. Essa concepção determinou o apagamento dos governos nacionais, a favor de um órgão — a Comissão Europeia — não legitimado eleitoralmente e, a partir da criação da União Económica e Monetária, obcecado por regras formais, pela separação entre as finanças dos Estados — sujeitos a um apertada disciplina que se foi progressivamente intensificando, com a consequência de um crescimento muito lento, que a crise de 2010 veio ainda agravar.

Não podemos ser injustos na avaliação dos efeitos que a entrada de Portugal para o antigo grupo dos *ricos europeus* produziu no país, em termos de modernização, de transformação e de expansão. Mas não podemos ignorar o modo como a União tratou um Estado membro — Portugal — na chamada crise «da dívida soberana», impondo um tratamento vexatório, baseado em fórmulas de austeridade que retardaram profundamente o nosso crescimento[116].

Durante a crise do euro, iniciada em 2008, o então governador do Banco Central Europeu, Mario Draghi, mostrou-se disposto a fazer tudo para salvar a moeda única, implementando um programa de compras de dívida pública no mercado secundário, o que fez descer os juros da dívida. Não fora essa acção determinada e, provavelmente, a moeda única — e, quem sabe, a União Europeia — já não existiriam.

Christine Lagarde, a actual governadora, tem mantido este apoio diminuindo até a importância de alguns membros do BCE que estariam a equacionar uma saída do programa de compras de dívida criado para responder à pandemia (PEPP) e facilitou as condições favorecendo o auxílio da União.

Por outro lado, o Conselho ECOFIN suspendeu por um ano, depois renovado por mais um, a obrigatoriedade de cumprimento das regras orçamentais, advertindo contudo para a necessidade de os países mais endividados, em particular, regressassem o mais depressa possível à boa velha ortodoxia, de que Portugal estava a aproximar-se, enquanto Vítor Gaspar — qual cristão-novo, a partir do FMI, apela ao investimento público.

Porém, chegado o momento de conceber os demais instrumentos de apoio e de os pôr em acção rapidamente,

---

[116] O autor organizou, na altura, um vasto conjunto de conferências e depoimentos no âmbito do Instituto Europeu e do Instituto de Direito Económico, Financeiro e Fiscal, do qual resultaram excelentes publicações. Ver, por todos, *TROIKA ANO II. Uma Avaliação de 66 Cidadãos*. Lisboa: Edições 70, 2013, *A Austeridade Cura? A Austeridade Mata?*. Lisboa: AAFDL, 2013 e *União Europeia. Reforma ou Declínio*. Lisboa: Nova Vega, 2016. Escreveu, no mesmo período, *Crónicas de Anos de Chumbo*. Lisboa: Edições 70, 2013, *Encostados à Parede*, Lisboa: Quetzal, 2016 e *Da Europa de Schuman à Não Europa de Merkel*- Lisboa: Quetzal, 2016.

se viu que as ambições seriam limitadas e que o consenso sacrificaria uma verdadeira oportunidade de alterações profundas. As antigas quezílias e confrontos entre Estados membros e instituições da União rapidamente se fizeram sentir, multiplicando-se reuniões que deixaram os Estados sem possibilidade de actuação imediata. Mas, mesmo quando se alcançou um acordo entre o Conselho Europeu, o Parlamento e a Comissão, foi ainda necessário percorrer um longo caminho, que passou pela ratificação dos acordos pelos Estados, com a intervenção de parlamentos nacionais e do inevitável Tribunal Constitucional Alemão, sempre pronto a imiscuir-se em temas da competência do Tribunal de Justiça.

Passado mais de um ano sobre o início da pandemia e muitos meses sobre o anúncio de que a Comissão chegara a acordo com o Parlamento Europeu para apoiar os esforços de recuperação dos Estados membros, os planos nacionais tardam a ser aprovados, apesar da presidência portuguesa tudo ter feito para o conseguir. Portugal foi um dos primeiros Estados-Membros a apresentar o seu Plano (preliminar) de Recuperação e Resiliência — Recuperar Portugal 2021-2026 e o primeiro o país a entregar o Plano em Bruxelas.

Ultrapassadas possíveis divergências entre governos e parlamentos nacionais, a burocracia de Bruxelas, de harmonia com as peculiares regras da democracia da União, dedicar-se-á a prolongar ao máximo a discussão dos programas nacionais e a impor regras e limites não previstos nos instrumentos que criam o Programa.

Este quadro bizarro, indolente e conflituoso é, ainda assim, saudado como positivo já que trouxe consigo decisões e ações inovadoras, a mais importante das quais foi, sem dúvida, a aceitação de um princípio de mutualização da dívida, contraída pela União em nome de todos os Estados. Apesar deste avanço inesperado, as instituições europeias continuaram a recusar qualquer forma de redução ou anulação de dívida, medida que poderia dar um contributo não negligenciável para a recuperação económica.

O tema mutualização —, que na crise de 2008 foi objecto de tantas discussões — bem assim como a redução da dívida através de reformas e anulações parciais, não conheceram, desta vez, a mesma intensidade de debates e controvérsias.

Ainda assim, e por iniciativa de Nicolas Dufrêne, cento e cinquenta economistas da União Europeia, incluindo Thomas Piketty, propuseram medidas exclusivamente consagradas à dívida junto do Banco Central, afirmando que «a anulação não está explicitamente proibida pelos estados europeus» e apelando para uma nova «governança europeia, designadamente envolvendo a passagem para a maioria qualificada em matéria fiscal». E, com razão, concluíram: «A Europa não pode continuar a permitir-se ser sistematicamente bloqueada pelas suas próprias regras. Outros Estados no mundo utilizam ao máximo as suas políticas monetárias em apoio da política orçamental, como a China, o Japão e os Estados Unidos"[117].

A comparação dos resultados espetaculares dos Estados Unidos, nos quatro primeiros meses de 2021, com os débeis números da União Europeia, agravou um sentimento de frustração de que fizeram eco até políticos de Estados membros fundadores, como Bruno le Maire, ministro francês das Finanças, quando afirmou: «(...) nós temos perdido demasiado tempo. A China retomou o crescimento, os Estados Unidos conhecem um desenvolvimento rápido. A União Europeia tem de se manter na corrida»[118].

3. BIDEN: O INESPERADO AGENTE DE MUDANÇA

Se, como fomos vendo, a pandemia da covid-19 induziu um ambiente de inflexão na acção e no pensamento eco-

---

[117] "100 Économistes Demandent l' Annulation de Dettes Detenues par la BCE", 5 de Fevereiro de 2021.

[118] «France and Germany Push for Quick Approval of EU States' Recovery Plans», *Financial Times*, 27 de Abril de 2021.

nómicos que nos permite ter algum optimismo quanto ao aproveitamento que poderá agora ser feito da crise para criar sociedades mais equilibradas e equitativas, que todos possam reconhecer como suas e em que o temor das doenças seja bem menor, isso ficará a dever-se, em larga medida, ao presidente norte-americano, Joe Biden.

Na inevitável comparação de experiências de recuperação da crise sanitária e económica entre a União Europeia e os Estados Unidos da América[119], estes aparecem de uma forma muito nítida como vencedores, graças, em grande medida, à acção determinada do presidente Biden no enfrentamento dos problemas económicos e sanitários[120].

Os que viam apenas em Biden um democrata moderado, de boas maneiras, que conseguiu o afastamento de Trump e da barbárie por este instalada, estarão seguramente admirados com a forma como o actual presidente, depois de ter tentado energicamente, mas sem êxito, alcançar soluções de compromisso bilateral, avançou decididamente para uma governação democrata unilateral, que as sondagens revelam ter uma boa aceitação junto de muitos republicanos, embora não colha apoios entre os congressistas do partido[121].

Joe Biden assumiu, indubitavelmente, uma agenda económica e política à esquerda do que se previa, refletindo o movimento nesse sentido do próprio Partido Democrata e a insistência do Partido Republicano na agenda Trump.

---

[119] «A Europa Preguiçosa» é o feliz título de um artigo de Teresa de Sousa no *Público*, de 18 de Abril de 2021, onde sustenta que a Europa «parece cada vez mais uma velha senhora rica ainda que já um pouco decadente, que passa os dias a remoer sobre o mundo de ontem e já nem se consegue levantar do sofá para ir até ao jardim apanhar ar».

[120] Ezra Klein, «Four Ways of Looking at the Radicalism of Joe Biden», *The New York Times*, 8 de Abril de 2021.

[121] Vd. Griff Witte, «Biden is Winning Republican Support for His $ 1.9 Trillion Coronavirus Relief Plan. Just not in Washington", *The Washington Post*, 15 de Fevereiro de 2021.

Fala-se, pois, de um radicalismo de Biden «não esperado, mas não inexplicável».

Barack Obama, de que Biden foi vice-presidente, passou inúmeras horas tentando gerar consensos, sem grandes resultados práticos, não tendo, por isso, conseguido avanços significativos na luta contra a pobreza, contra a violência policial sobre as minorias raciais e étnicas ou assegurar uma cobertura estadual efetiva em matéria de saúde. Ainda assim, com consenso obtido em torno do Obamacare — com todas as limitações do sistema — melhorou significativamente as condições de resposta à pandemia.

De um ponto de vista económico, o pano de fundo da governação do Presidente Biden é a injecção pelo Estado de grandes massas de liquidez na economia, destinadas a proteger os que estão em dificuldades, estimulando a atividade económica e reduzindo as desigualdades. A isto juntam-se uma série de actuações no plano político, como o esforço de recuperação da posição externa perdida por Trump e a firmeza na defesa dos direitos humanos.

A sua primeira medida foi a concessão de cheques de estímulo de 1.400 dólares a todos os cidadãos com um rendimento inferior a 75.000 dólares anuais, num programa que envolve um gasto total de 1,9 biliões de dólares. Apesar de algumas críticas, foi uma decisão extremamente popular ainda que não inovadora, já que Donald Trump tinha executado um programa de cheques de estímulo de 600 dólares que, já no final do mandato, tentou subir para 2.000, o que foi rejeitado pelo Congresso.

De resto, na história política recente dos Estados Unidos encontramos várias tentativas de criar este tipo de estímulos, por vezes até por forma mais permanente, aproximando-se do rendimento básico universal, as quais, todavia, nunca conseguiram afirmar-se. O democrata Andrew Yang foi o político mais radical na aproximação a uma forma de rendimento de base permanente. O mais persistente foi Nixon, que via neste instrumento a possibilidade de conter o movimento contestatário que se seguiu à morte de

Martin Luther King[122]. Outro democrata derrotado, George MacGovern, incluiu a medida de rendimento universal no seu programa eleitoral.

Esta forma de auxílio directo aos cidadãos — *pocket money* — parece ter sido responsável pela manutenção de um alto nível da procura e de um espectacular aumento do emprego — quase um milhão de pessoas em Março de 2021.

Em Abril este nível de procura não se manteve, o que suscitou algum cepticismo quanto aos resultados do Plano Económico de Biden. Porém, em Maio a situação conheceu uma alteração significativa, abrindo-se perspectivas muito mais optimistas no domínio da queda do desemprego, que se aproximou dos valores anteriores à pandemia.

Para além da concessão de estímulos directos à economia, o Presidente Biden assumiu entusiasticamente a campanha a favor da vacinação, contribuindo para a quebra do número de infectados e, por essa via, ajudando também ao progresso da economia. Depois de um período de adesão entusiástica e quase massiva, o ritmo de vacinação baixou muito, tudo indicando tratar-se de um efeito conjugado da onda de optimismo gerada quanto à possibilidade de contenção da doença, da campanha negativa dos republicanos e das dúvidas geradas em relação à eficácia e aos possíveis efeitos secundários das vacinas.

Foi, entretanto, anunciado um espectacular plano de obras públicas, com grande potencial para impulsionar a reconstrução do país, que, se executado, constituirá um notável legado desta presidência. Embora o plano seja anunciado como de recuperação de infra-estruturas, o conceito é usado em termos muito amplos. Seguir-se-lhe-á, na agenda de Biden, um *Job Program* e vários outros programas sectoriais.

---

[122] Para um resumo, vd. Olivia Waxman, «The Coronavirus Stimulus Includes Direct Payments to Tax Payers. Here's What We Can Learn From Richard Nixon's Failed Plan to Send Checks to Americans», *Time*, 20 de Março de 2020.

Com ironia, Sven Steinmo e Mark Blyth comentaram[123]:

> *Após anos de pregação ao mundo sobre os perigos das despesas governamentais, o governo dos Estados Unidos tornou-se subitamente keynesiano. Apoios às famílias, injecções maciças de liquidez da Reserva Federal e resgates às empresas estão agora na ordem do dia — tudo a níveis até agora impossíveis, tudo justificado pela extraordinária ameaça da crise pandémica.*
>
> *O governo dos Estados Unidos não costuma gastar de forma desregrada. Pelo contrário, tende a ajustar-se aos choques económicos com o desemprego e a austeridade — especialmente a nível estatal, onde os governadores são frequentemente obrigados por lei a manter orçamentos equilibrados.*

A OCDE comparou recentemente os apoios económicos públicos dos Estados Unidos e da União Europeia, concluindo que os valores norte-americanos são três vezes maiores, em absoluto, e o dobro, quando medidos na relação com os respectivos PIB. O pacote de estímulos já em curso nos Estados Unidos abrange 13% do PIB.

A projecção da evolução económica, que era em 2020 de 3,2% para os EUA, é agora de 6,5%, enquanto que a previsão para a zona euro passou de 3,6% para 3,9%[124].

Trata-se de uma experiência económica sem precedentes, que ultrapassa largamente o *New Deal*, e que até poderia ser lida como uma clara política keynesiana. A experiência em curso nos EUA, pelos montantes envolvidos e pela rapidez com que está a ser executada, só se pode aproximar de intervenções militares. Os sinais são animadores, desconhecendo-se, porém, se serão concretizadas todas as medidas previstas. Como notou, com toda razão, Zachary

---

[123] «Can a Pandemic Defeat the Politics of Austerity? The Key to Economic Recovery After covid-19? », *Foreign Affairs*, 22 de Abril de 2020.

[124] Vd. uma boa síntese de Luís Reis Ribeiro, «Bazuca dos Estados Unidos contra a Pandemia Três Vezes Mais do que a da Zona Euro», *Dinheiro Vivo-Diário de Notícias*, 10 de Março de 2021.

Karabell[125]: «não é claro se esta grande experiência vai funcionar. Mas o que é claro é que nada mais funcionará».

Certo é que decorreu um ano sobre o artigo de Karabell, tendo-se tornado evidente a recuperação económica norte-americana, quer em termos de PIB, quer de emprego, e que os pacotes de estímulo podem gerar enormes rendimentos fiscais adicionais, não só para o Estado Central, mas para os Estados Federados e para as entidades locais.

Tudo isto justifica o comentário de Joseph Stiglitz[126]:

> *Os economistas vão sem dúvida discutir todas as características da conceção do programa — quanto dinheiro deve ser gasto aqui ou ali; qual deve ser o limiar para receber prestações pecuniárias; e os estímulos ideais para reduzir o programa de seguro de desemprego. As pessoas razoáveis podem discordar sobre estes pormenores. Ajustá-los faz parte do que constitui o compromisso político.*
>
> *Mas onde não deve haver desacordo é no facto de serem necessárias grandes quantias de dinheiro de forma urgente e que qualquer oposição é simultaneamente cruel e perigosamente míope.*

É verdadeiramente notável o modo discreto com que o Presidente Biden põe em marcha os seus projectos, prescindindo da vanglória ou de anúncios espalhafatosos sobre o lastro de modificações que a sua presidência induzirá na sociedade norte-americana. «Fui eleito para resolver problemas», diz Biden, quando confrontado com a previsão da profundidade das alterações que as suas políticas irão provocar no país.

Robert Reich[127], sagazmente, explica este comportamento, sustentando:

---

[125] «Can History's Biggest Stimulus Stave Off a Coronavirus Depression? A Real Life Experiment in Hyper- Keynesianism», *Foreign Affairs*, 16 de Abril de 2020.

[126] «Joe Biden's $1.9tn Recovery Package Is Vital but We Can Debate The Detail», *Project Syndicate*, 1 de Fevereiro de 2021.

[127] «Don't Expect Biden to Trumpet Lofty Aims For His Rescue Plans — He Is Simply Mr. Fix-it», *The Guardian*, 4 de Abril de 2021.

A razão é que Biden quer que os americanos se sintam confiantes de que ele está a tratar os maiores problemas mas não quer criar muita agitação. O país está tão furiosamente dividido que qualquer agitação pode aumentar mais esse fosso.

Se falar demasiado sobre o combate às alterações climáticas, perde todos aqueles cuja vivência depende dos combustíveis fósseis ou que não consideram as alterações climáticas como uma ameaça existencial. Se se focar demasiado na redução da pobreza infantil, perde todos os que pensam que ajudas sociais causam dependência. Se falar demasiado sobre tecnologias críticas, perde aqueles que pensam que o governo não deve andar a escolher vencedores.

O início da presidência Biden prenunciava já o seu modo discreto de realizar grandes feitos, patente na forma como lidou com a recusa do presidente cessante, Donald Trump, em abandonar a Casa Branca e com os conflitos que essa atitude originou, nomeadamente o ataque ao Capitólio.

O ambiente de desordem cívica, que parecia encaminhar o país para uma guerra civil, não era seguramente o mais favorável para tomar grandes decisões. E, no entanto, o Presidente Biden manifestou uma serenidade e sabedoria notáveis, que muito contribuíram para o início de um novo caminho de esperança para aqueles que a sorte deserdara e para o acelerar da pacificação entre os americanos.

Joe Biden atribuiu uma enorme importância aos sinais que daria nos primeiros dias da presidência, seguindo o modelo de Roosevelt que, assim que empossado, começou a agir.

De facto, poucas horas após a tomada de posse, o Presidente Biden anunciou o regresso dos Estados Unidos ao Acordo de Paris e à Organização Mundial da Saúde e revogou a ordem executiva de Donald Trump, que restringia a imigração de uma série de países de maioria muçulmana. Estas decisões tiveram o sentido de afirmação de que a sua presidência iria contrariar as tendências isolacionistas do seu predecessor.

Com a excelente reacção da economia americana ao primeiro plano de apoio, destinado a assegurar liquidez nos particulares, seguir-se-á o grande desafio transformador constituído pelo *Plano de Empregos para os Americanos*, inicialmente concebido como um plano para reconstrução de infra-estruturas.

A Casa Branca divulgou o Programa como «[...] um investimento na América que vai criar milhões de bons empregos, reconstruir as infra-estruturas do país e posicionar os Estados Unidos para superar a China. A parte da economia dedicada ao investimento público interno caiu mais de 40% desde os anos 60. O *Plano de Empregos para os Americanos* vai investir no país de uma forma nunca antes feita desde que construímos as auto-estradas interestaduais e ganhámos a Corrida ao Espaço».

E o comunicado prossegue nos seguintes termos:

> *Os Estados Unidos da América são o país mais rico do mundo. No entanto, ocupamos o 13.º lugar no que toca à qualidade geral das nossas infra-estruturas. Após décadas de desinvestimento, as nossas estradas, pontes, e sistemas de canalização estão-se a desmoronar. A nossa rede eléctrica é vulnerável a cortes de energia catastróficos. Muitos não têm acesso à* internet *a preços acessíveis e a habitações de qualidade. O ano passado levou à perda de postos de trabalho e ameaçou a segurança económica, corroendo mais de 30 anos de progresso na participação da força de trabalho feminina. Desmascarou a fragilidade das nossas estruturas de prestação de cuidados. Estamos também a ficar atrás dos nossos maiores concorrentes em investigação e desenvolvimento, fabrico de produtos e formação. Nunca foi tão importante para nós investir em fortalecer a nossa infraestrutura e competitividade e em criar o trabalho sindical bem pago do futuro.*
>
> *Como outros grandes projectos do passado, o plano vai unir e mobilizar o país no combate ao maior desafio dos nossos tempos: a crise climática e as ambições de uma China autocrática. Vai investir nos americanos e criar os empregos e oportunidades que eles merecem. Mas ao contrário dos grandes investimentos do passado, o plano dá prioridade à abordagem da injustiça racial persistente e de longa*

data. O plano visa 40% dos benefícios dos investimentos em infra-estruturas climáticas para as comunidades mais desfavorecidas. Para além disso, o plano investe em comunidades rurais e comunidades afectadas pela transição baseada no mercado para a energia.

Greg Sargent qualificou o programa como «a Kryptonite de Biden para derrotar Trump», no mesmo número em que o editorial do *Washington Post*[128] o qualificava como *uma grande aposta num grande governo*, sublinhando que ele abrangia não só infraestruturas, no sentido tradicional do termo[129], mas também 400 mil milhões para cuidados a pessoas idosas e deficientes, assim como 580 milhões para investigação e desenvolvimento (especialmente nas áreas do clima e das energias renováveis) e para a formação de trabalhadores.

Na opinião de Sargent, Biden tem uma vantagem política, dada a preferência do eleitorado por um governo grande, vinda já do tempo de Trump, recordando o desencanto do eleitorado com os democratas e com a declaração de Bill Clinton no sentido de que a era do Governo grande tinha acabado. Para o jornalista o presidente Biden terá ainda uma vantagem económica, com repercussões tanto nas despesas como nas receitas, concluindo assim: «no seu âmago, o plano Biden desvia centenas de milhares de milhões de dólares do sector privado para o sector público que os pode usar melhor do que o primeiro. É um movimento arrojado e potencialmente histórico cujos resultados podem desenhar o futuro económico e político por gerações».

---

[128] «What's in Biden's $2 trillion jobs and infrastructure plan?», *The Washington Post,* 31 de Março de 2021.

[129] Neste sentido, 621 mil milhões serão dedicados a consertar, reconstruir e melhorar auto-estradas, pontes, portos, aeroportos e sistemas de trânsito e 650 mil milhões serão usados para assegurar banda larga de alta velocidade, água potável, uma rede eléctrica renovada em todo o país e para preservar e reconstruir mais de dois milhões de casas, edifícios comerciais, escolas e hospitais.

Dos meios financeiros têm vindo sinais de apreciação em relação aos efeitos dos programas Biden na economia. Jamie Dimon, presidente executivo da JPMorgan Chase, escreveu numa carta aos accionistas: «é possível que venhamos a ter um momento Goldilock — crescimento rápido, inflação que se move gentilmente (mas não demasiado) e taxas de juro que sobem (mas não demasiado). Defendo que uma despesa sustentada poderá conduzir a um longo período de vitórias».

A determinação de Joe Biden na resolução do problema económico norte-americano vai provavelmente levá-lo a conseguir ultrapassar uma das barreiras crónicas a este tipo de programa, obtendo o financiamento necessário através de um ajustamento fiscal que corrija a injustificadamente baixa carga fiscal que incide sobre os cidadãos mais ricos[130].

Apesar de não se conhecer ainda o plano fiscal, a reacção dos mais ricos cresce de intensidade, bem como a actuação dos seus *lobbies*. O *Financial Times*, que tem acompanhado com simpatia a actuação de Biden, publicou a 23 de Abril um artigo, explicando que a «enorme» subida de impostos sobre as grandes fortunas e fundos de investimento pode levar a que o plano de recuperação seja inviabilizado[131].

Ouvidos ao longo do artigo, conhecidas figuras de Wall Street ou dos corredores do Congresso desfilaram o já conhecido argumentário sobre a matéria: «Isto não se trata de ter pena dos milionários», disse Anthony Scaramucci, fundador do fundo de investimento SkyBridge Capital e antigo membro da Administração Trump. «Exacerbar as taxas sobre o rendimento de capital teria efeitos nocivos na criação de trabalhos e no aumento do salário para trabalhadores da classe média».

---

[130] «Biden to Unveil $2tn Infrastructure Plan and Big Corporate Tax Rise», *Financial Times*, 31 de Maio de 2021.

[131] Num artigo de Eric Platt, Aziza Kasumov, Michael Mackenzie, Mark Vandevelde, Miles Kruppa e James Politi, «Investors in uproar over Biden's proposed capital gains tax rise».

De acordo com estimativas da Casa Branca finanças para 10 anos, o financiamento dos planos seria assegurado por medidas como o aumento do IRC ($695 mil milhões), o aumento do imposto mínimo global sobre as empresas ($495 mil milhões), o combate às brechas fiscais em matéria de bens intangíveis ($217 mil milhões) e o fim das isenções fiscais sobre energias combustíveis ($54 mil milhões). Mas os principais ganhos fiscais poderão advir não só da tributação digital como, sobretudo, do aumento da taxa mínima de 10,5% sobre as empresas que actuam no plano global elevando-a para 21%, tendo os Estados Unidos lançado já um apelo a todos os Estados para que o façam. Janet Yellen, secretária do Tesouro e antiga colaboradora próxima de Clinton e Obama não deixou, aliás, de expressar algum remorso pelo facto de os Estados Unidos terem tido um comportamento diverso no passado.

Num artigo publicado no *Financial Times* de 15 de Abril, Edward Luce escreve com grande lucidez[132]:

> *Um bilião aqui, um bilião ali e muito cedo começa-se a falar em dinheiro a sério. Se o Internal Revenue Service americano conseguisse coleccionar tudo o que lhe é devido ao abrigo da lei actual, o défice anual de 1 bilião de dólares pagaria quatro vezes a factura de infra-estruturas de Joe Biden. A maior parte desta evasão é levada a cabo pelo 1% dos principais contribuintes dos EUA — o grupo que mais se queixa das taxas de inflação globais. Na prática, os ricos pagam consideravelmente menos do que deveriam.*

O debate em torno da fiscalidade continuará agitado, podendo o Presidente norte-americano contar com o apoio de multimilionários opositores tradicionais das taxas baixas, como Warren Buffett, Bill Gates, Georges Soros, Abigail Disney — neta de Walt Disney com grande empenho social e político — e de movimentos como o *The Patriotic Millionaires Movement*, de que aquela faz parte.

---

132 «Golden Age of Rich America's Tax Evasion May Be Drawing to Close», *Financial Times*, 22 de Abril de 2021.

No fim dos primeiros cem dias da presidência de Joe Biden, multiplicaram-se as apreciações, quase sempre positivas, ainda que várias delas com reparos pelo montante da despesa efectuada e prevista ou pelas anunciadas reformas fiscais.

A apreciação do *The Guardian*[133] terá sido, porventura, a mais entusiástica e justa. Sob o título «Biden's 100 days: bold action and broad vision amid grief and turmoil», Lauren Gambino defende que "*a solução de Biden para as diversas crises é uma agenda económica ambiciosa que promete 'ser dona do futuro' ao expandir o papel do governo na vida americana*». A terminar é recordada uma expressão particularmente feliz de Biden, algumas horas após a assinatura do *American Rescue Plan*: «*Temos de nos lembrar que o governo não é uma força estrangeira numa capital distante. Somos nós. Todos nós*».

Estamos muito distantes dos tempos em que o Presidente Bill Clinton declarava que tinha acabado o modelo do Estado grande...

---

[133] 26 de Abril de 2021.

PARTE III

PREPARAR O FUTURO

1. O PAPEL DA CIÊNCIA

Aqui chegados, sabemos o suficiente para não podermos manter os erros do passado e desculparmo-nos com a imprevisibilidade das crises que ocorram.

Em primeiro lugar, temos de ter presente o alerta de Maria do Carmo Fonseca de que não sabemos qual vai ser a próxima calamidade: «Pode não ter absolutamente nada a ver com pandemias ou com agentes microbiológicos. E o que vai acontecer é que a sociedade vai virar-se novamente para a ciência e pedir-lhe soluções para este novo problema. Por isso, temos de ter uma ciência preparada e ampla. Temos de ter cientistas e institutos de investigação a trabalhar em todas as áreas possíveis da ciência e não afunilar tudo na COVID. Em conclusão temos de pensar além da COVID e temos de ter ciência aberta, ampla, diversificada e em todos os países. Não podemos deixar a investigação a cargo dos países mais ricos e desenvolvidos e pensar que depois com a globalização nós importamos as soluções»[134].

É, no entanto, frequente o pessimismo quanto ao que se irá passar quando se desvanecerem os efeitos mais presentes, e muitos são os que pensam que as promessas feitas em tempos de pandemia não serão cumpridas e não haverá noção de que temos de estar preparados para a doença X.

Disso mesmo nos fala, num excelente artigo, Kenneth V. Iverson[135]:

---

[134] *Fórum Saúde Século XXI*, Portugal, Fevereiro de 2021, p. 47.

[135] *Western Journal of Emergency Medicine*, 8 de Junho de 2020.

A pandemia da covid-19 vai, lentamente e com alguns percalços e muitas tragédias, ficar arquivada no passado. Este coronavírus pode desaparecer e voltar outra vez, continuar endemicamente sob controlo vacinal, ou simplesmente atenuar-se e desaparecer. A economia e os sistemas de saúde vão voltar a um novo normal, algumas partes mais rapidamente que outras. Como as muitas outras pragas que a humanidade tem sofrido desde que os nossos antepassados se concentraram em cidades, isto irá gerar recriminações pelas respostas lentas e mal orientadas, pelas explorações do problema, ou pela reacção tanto exagerada quanto insuficiente a eventos económicos, sociais e de saúde que serão restrospectivamente óbvios. Os indivíduos e as organizações mais culpados por exacerbar a catástrofe (por exemplo, muitos líderes políticos a nível nacional e regional) vão conseguir escapar à responsabilidade enquanto procuram outros bodes expiatórios e tentam reescrever a história.

A OMS tem, neste momento, uma lista de doenças em especial atenção, ainda que nada garanta que não possam surgir outras. São elas: a covid-19, a febre hemorrágica da Crimeia-Congo, as doenças virais Ébola e Marburg, a febre de Lassa, o coronavírus da síndrome respiratória do Médio Oriente (MERS-COV) e a síndrome respiratória aguda grave (SARS), o vírus Nipah, a febre do Vale do Rift e o vírus Zika.

Por outro lado, a mesma OMS retira um conjunto importante de lições do trabalho com o SARS, que se apresenta de seguida:

1. *Mais pandemias irão aparecer. Esteja preparado. A covid-19 não será a última nova doença a tirar partido das condições globais modernas. A vigilância constante é vital. A preparação inclui o reforço da integração e eficácia dos sistemas de saúde pública, cuidados de saúde e gestão de emergências através da educação, fornecimento de provisões adequadas e exercícios, bem como o desenvolvimento de incentivos (por exemplo, créditos fiscais, economias de custos identificadas) que aumentem o número de*

entidades não governamentais envolvidas em acções que protejam a segurança sanitária das suas comunidades.

2. *Relatar casos com antecedência. A segurança global da saúde exige a rápida identificação e notificação de casos de qualquer doença com potencial de propagação internacional. Esconder estes casos ou negar a sua existência traz consigo o potencial de enorme sofrimento humano e morte, perda de credibilidade internacional, impacto económico nacional e regional negativo, e um risco muito real de que o surto se espalhe e fique fora de controlo.*
3. *Alertar o mundo. Assim que uma infecção emergente e transmissível for confirmada, os organismos internacionais, como a OMS, devem emitir um alerta global através de todas as modalidades de comunicação disponíveis.*
4. *Promover a colaboração científica internacional. Os cientistas, clínicos e peritos de saúde pública mundiais devem agir em colaboração para investigar, controlar e, se possível, eliminar a doença.*
5. *Fornecer liderança e consistência. Coordenar mensagens e políticas entre funcionários de saúde federais, estatais e locais e instituições afectadas é fundamental para evitar contradições e confusão que possam comprometer a confiança do público e impedir medidas de contenção. Para construir a confiança e cooperação públicas, fornecer informação contínua, precisa e baseada na ciência sobre o que é conhecido e não conhecido sobre a doença. A informação deve ser tecnicamente correta e suficientemente completa para apoiar políticas e acções sem que seja paternalista. Minimizar a duplicação e assegurar a coordenação entre autoridades federais, estatais, locais, e tribais.*
6. *Evitar a especulação. Durante um surto, limitar a informação oficialmente divulgada a dados e resultados específicos; as mensagens devem omitir a especulação, a sobre-interpretação de dados, avaliações excessivamente confiantes de investigações e medidas de controlo, e comentários relacionados com outras jurisdições. Rumores, desin-*

formação, percepções erradas, e estigmatização dos grupos afetados devem ser abordados pronta e definitivamente.

7. *Fornecer directrizes de segurança. É essencial fornecer orientações ao público sobre acções a tomar para se protegerem a si próprios e aos membros das suas famílias e colegas. Avaliar a ciber-segurança do sistema de saúde e desenvolver planos alternativos para qualquer ciber-incidente.*
8. *Implementar restrições de viagem adequadas e rastreios no aeroporto para conter a propagação internacional de uma infecção emergente. O rastreio do aeroporto pode incluir o rastreio passivo dos passageiros utilizando questionários ou equipamento sofisticado de infravermelhos para rastrear todos os passageiros em busca de febre e indicações de possível exposição, bem como entrevistas conduzidas por profissionais de saúde.*
9. *Implementar antecipadamente e apoiar consistentemente a contenção, testes, e rastreio de contactos agressivos. Na ausência de um medicamento curativo ou vacina preventiva, intervenções de saúde pública bem conhecidas podem conter eficazmente um surto. Os métodos incluem vigilância activa de contactos suspeitos, auto-vigilância por contactos que se isolaram voluntariamente, testes generalizados, distanciamento social e quarentena.*
10. *Armazenar os medicamentos e equipamentos necessários. Aumentar a capacidade nacional de produzir e utilizar eficazmente tanto contramedidas médicas como intervenções não-farmacêuticas, incluindo aquelas necessárias tanto para as condições agudas como para as crónicas.*
11. *Reforçar as infra-estruturas nacionais de saúde. Uma alta prioridade é melhorar as fraquezas dos sistemas de saúde existentes que permitem a amplificação e propagação de infecções emergentes e que podem comprometer os cuidados aos doentes. Isto inclui ter materiais adequados e capacidade para os surtos esperados de doentes infectados, incluindo hospitais e outras instalações de cuidados de saúde.*
12. *Proteger os trabalhadores dos cuidados de saúde. As pessoas em maior risco de contrair a doença são os traba-*

lhadores da saúde, incluindo os socorristas. Isto exige trabalhar com sociedades profissionais para melhorar as estratégias (incluindo a utilização de EPI) para proteger os profissionais de saúde. Deve ser prestada uma vigilância especial às mulheres, que empregam as camadas mais baixas do pessoal de saúde em muitos países.

13. *Fazer educação profissional just-in-time. Educar os profissionais de saúde e o pessoal de saúde pública sobre estratégias apropriadas para reconhecer a doença e implementar medidas de controlo.*
14. *Preparar o público. Reconhecer que a preparação e controlo de pandemias são extremamente disruptivas e consomem enormes recursos a níveis que podem não ser sustentáveis com o tempo.*

2. ALTERAR AS SOCIEDADES REDEFINIR AS PRIORIDADES

Nem todas as pessoas estão convencidas da necessidade de reinventar o futuro, transpondo para ele as melhores realizações do passado e os laços que nos uniram, criando um mundo mais solidário e coerente com uma ideia de partilha de bem estar.

A organização interna e a acção dos Estados deve contribuir para a felicidade das pessoas, criando-lhes condições e mais oportunidades para organizarem a sua vida de um modo consentâneo com as suas expectativas legítimas, assegurando ainda mecanismos efetivos de articulação com formas de governação global.

A 13 de Outubro de 2020, o presidente da Conferência Episcopal Portuguesa, D. José Ornelas, falando em Fátima[136], alertava para os movimentos extremistas que *constroem muros, exacerbam nacionalistas e conflituoso*s e, por

[136] «Bispo de Setúbal Alerta em Fátima para os "Nacionalismos Egoístas e Conflituosos"», *TVI 24*.

essa via *impedem que se chegue a consensos mundiais para encontrar soluções para os problemas de todos, como a pobreza, a injustiça, a guerra, a degradação do planeta, que colocam em perigo o futuro*. Noutra passagem da homilia, alertava o Bispo: "*a pandemia veio tornar mais visíveis estes problemas como todos sabemos. Estamos no mesmo barco. Ou nos ajudamos para nos salvarmos todos ou então o barco afunda*".

Martin Wolf, economista renomado e um dos mais importantes observadores da cena mundial chamava a atenção, em Julho de 2020, para o modo como a pandemia tinha exposto as disfunções das sociedades, frisando que se impunha resolvê-las[137].

Para Wolf vivíamos em tempos de desapontamento económico, de crise da legitimidade democrática, de crise dos bens públicos globais, de crise das relações internacionais e de crise da governança global, sem que se visse, na política, capacidade para trazer novidades e fazer mudanças.

Um pouco mais tarde, Martin Wolf, continuando a elaborar intensamente sobre os efeitos da covid-19 e as formas de a combater[138], sublinhou a importância das novas tecnologias da comunicação, como o *Zoom*, que permitia o teletrabalho, mas aumentava a desigualdade entre aqueles que tinham recurso a esse sistema e os que não tinham. Recordou o endividamento, vindo da anterior crise financeira, que crescera muito acentuadamente. Focou-se no processo de desglobalização, antecipando que não iria desaparecer, mas antes evoluir para formas de regionalismo e sinalizou as tensões políticas crescentes, com o aumento do autoritarismo.

Mark Carney, antigo governador do Banco de Inglaterra, não está longe da análise de Martin Wolf, excepto em matéria de globalização, de que é um feroz adepto e

---

[137] «Covid Has Exposed Society Disfunctions», *Financial Times*, 14 de Julho de 2020.

[138] «Five Forces That Will Define Our Post-COVID», *Financial Times*, 16 de Dezembro de 2020.

na qual vê um caminho para o futuro[139], sublinhando o enorme falhanço da revolução Thatcher-Reagan, em que qualquer falha de mercado era respondido com mais desregulação ou com a criação de novos mercados, enquanto Mario Draghi e ele se batiam por uma reforma do mercado que valorizasse o futuro e a inovação financeira e estivesse preparado para reagir a qualquer falha.

Defendendo que as últimas reformas financeiras auxiliaram, apesar de tudo, o combate à pandemia, Mark Carney, que rejeita os nacionalismos, concebe uma melhoria global para o futuro alicerçada em quatro pilares fundamentais: a resiliência, a solidariedade, a conectividade e a sustentabilidade.

No que respeita à resiliência, Carney defende a necessidade de assegurar amortecedores para riscos não financeiros, desde a COVID às alterações climáticas, o que implica capacidade financeira, ainda que ponha em causa a redistribuição. Quanto à solidariedade, ela traduzir-se-á em conseguir que os novos avanços devidos à revolução tecnológica permitam uma melhor distribuição. A conectividade deve assentar na capacidade de trazer milhares de milhões de pessoas para novas plataformas de comércio global. A sustentabilidade repousará, sobretudo, no recurso massivo à indústria verde.

Parece, assim, estar a formar-se um consenso em torno da necessidade de introduzirmos alterações no nosso modo de vida, individual e coletivo, redefinindo as nossas prioridades em função de uma nova ideia de futuro, mais equilibrado no digital, garantindo o acesso de todos, mais conectado, mais verde, mais solidário, financeiramente mais robusto e preparado para reagir às grandes adversidades.

A este propósito recordemos a bela inspiração de Tolentino de Mendonça[140]:

---

139 «A Chance to Reboot Globalization», *Financial Times*, 19 de Março de 2021.

140 *O Que é Amar um País*, Quetzal, Lisboa, 2020.

Esta é a hora em que podemos, de facto, reaprender tantas coisas! Podemos reaprender a estar nas nossas casas, mas também a sentir que depende de nós, o nosso prédio, a nossa rua, o nosso bairro, a nossa cidade, o nosso país, dando substância efectiva a palavras, tantas vezes destituídas dela, como são as palavras "proximidade", "vizinhança", "humanidade", "povo" e "cidadania". Podemos reaprender a utilizar as redes sociais não só como formas de divertimento e de evasão, mas como canais de presença, de solicitude e de escuta. Sem nos tocarmos, podemos reaprender o valor da saudação, o estímulo de um cumprimento, a incrível força que recebemos de um sorriso ou de um olhar.

3. AS FINANÇAS PÚBLICAS

Para que seja possível estabelecer um futuro de qualidade em que se não viva ameaçado por toda a espécie de preocupações, torna-se necessário que as finanças públicas estejam organizadas de forma a garantir a regularidade e suficiência das receitas para fazer face às necessidades dos povos.

Se anteriormente a questão se colocava essencialmente no plano interno, a globalização e a fuga maciça de capitais para paraísos fiscais criaram uma ordem fiscal internacional que é profundamente injusta e que importa reverter.

A dificuldade principal que aqui se identifica é a ausência de uma instituição financeira pública que possa assumir uma regulação fiscal internacional efetiva. Tem sido a OCDE a realizar o trabalho mais próximo disso, através do combate à evasão fiscal, ainda que enfrentando muitas resistências. Convirá, aliás, recordar que, até ao 11 de Setembro, os Estados Unidos se opunham a todas as acções de combate aos paraísos fiscais, posição que só inverteram quando se deram conta de que estes tinham sido amplamente utilizados para a preparação dos atentados.

Do ponto de vista das finanças públicas e a nível global, as últimas décadas foram marcadas por uma restrição acentuada das despesas públicas, com o questionamento dos gastos característicos do Estado Social, só se tendo praticamente mantido níveis elevados de despesas militares.

Quanto às receitas, ultrapassadas as reformas que procuravam garantir uma maior justiça social e uma redução das desigualdades, particularmente a partir da Reforma Reagan, foram brutalmente reduzidas as taxas aplicadas às empresas mais importantes e aos particulares mais ricos.

Embora não seja ainda certo o destino do Plano Biden, parece que se pode arriscar a ideia de que os ricos não irão continuar a ser cada vez mais ricos, e os pobres cada vez mais pobres[141] — agravando o fosso e as clivagens entre os diferentes extratos sociais — e que poderemos estar a assistir ao nascimento de uma sociedade mais equilibrada, que a todos beneficiará.

Fundamental para o sucesso do plano de Biden é conseguir um acordo que fixe uma taxa mínima de pelo menos 15% para todas as empresas, independentemente do país onde desenvolvem a sua atividade, a reverter para os Estados de acolhimento[142].

Trata-se de um projeto em linha com os debates no quadro da OCDE, mas que parece agora ganhar um novo fôlego com o impulso americano. Este projeto terá uma importância fundamental para o equilíbrio financeiro mundial, pondo cobro a uma situação de corrida para o zero, a que se tem assistido, com países a prescindirem, praticamente, de tributar rendimentos, para atraírem investimentos.

É verdadeiramente inaceitável a prática de vários Estados europeus — verdadeiros paraísos fiscais — dentro

---

[141] Já em 2019, Liaquat Ahamed, «The Rich Can't Get Richer Forever, can They», *The New Yorker*, 26 de Agosto e, mais recentemente e olhando para as propostas de Biden, Edward Luce avançava que «Golden Age of Rich America's Tax Evasion may be Drawing to Close», [*A Idade de Ouro da Evasão Fiscal da América Rica pode estar a Acabar*], *The Financial Times*, 15 de Abril.

[142] Inicialmente, os Estados Unidos apontavam para uma taxa de 21%, mas desceram o valor para auxiliar a busca de um consenso.

da União Europeia. A 4 de Maio de 2021 podia ler-se no *Público* que a Amazon obtivera receitas de 44 mil milhões de euros na Europa, concentrando-as na filial do Luxemburgo e sem pagar qualquer imposto[143].

Infelizmente, nesta matéria não tem sido dado o devido relevo ao grande economista liberal Vito Tanzi, que teve o mérito de, logo na viragem do século[144], identificar a existência daquilo que qualificou como «térmitas fiscais», correspondentes aos vários acontecimentos que estavam a corroer o sistema fiscal e a base tributária, tendo prosseguido a sua investigação até ao excelente *Termites of the State. Why Complexity Leads to Inequality.*[145]

Em 2001, analisando a carga fiscal das últimas décadas do século passado, Tanzi concluiu que em muitos Estados era já bem perceptível a acção das térmitas, que se tinham integrado no ecossistema da globalização, o que impunha o repensar das respostas mais eficazes, integrando nesse processo as alterações tecnológicas. Tanzi identificou oito inovações na economia que determinariam quebras da receita fiscal, ainda que num contexto de crescimento económico.

A primeira térmita identificada foi o comércio eletrónico, sustentando Tanzi, com base em cálculos do *The Economist*, que entre 1999 e 2003 as perdas nalguns estados dos Estados Unidos poderiam atingir trilhões de euros, correspondentes a 4 por cento dos impostos sobre vendas.

A segunda térmita seria o dinheiro eletrónico, potenciador de transacções na *internet* pagas através de cartões,

---

[143] Filipa Almeida Mendes, «Amazon Obtém receitas de 44 mil milhões na Europa, mas Filial Evita Imposto».

[144] «Globalization, Technological Developments, and the Work of Fiscal Termites», IMF Working Paper 00/181. Washington: International Monetary Fund, 2000. Uma versão sumária deste artigo pode também encontrar-se na revista do FMI *Finance & Development*, vol. 38, n.º 1, Março 2001; disponível em: https://www.imf.org/external/pubs/ft/fandd/2001/03/tanzi.htm.

[145] Vito Tanzi, *Termites of the State. Why Complexity Leads to Inequality.* Cambridge: Cambridge University Press, 2017.

o que dificultaria o conhecimento dos montantes e sujeitos envolvidos.

A terceira e uma das mais importantes térmitas, estaria associada a transacções no interior de empresas que desenvolvem actividades em vários Estados e podem obter significativos ganhos fiscais através da imputação de custos muito elevados à actividade nos Estados com maior carga fiscal, deixando para os Estados com tributação mais ligeira a parte fundamental dos lucros. Trata-se da utilização do que é normalmente conhecido por «preços de transferência», na passagem de uma jurisdição para outra, o que cria dificuldades complexas às diferentes administrações tributárias e que a OCDE tem vindo a tentar minimizar.

A quarta térmita corresponde aos centros financeiros *off-shore* cuja importância cresceu substancialmente, com a sua utilização para depósitos e aplicações provenientes do branqueamento de capitais. Os centros *off-shore,* ou «paraísos fiscais» beneficiaram de uma grande tolerância internacional, designadamente por parte dos Estados Unidos, que só inverteriam a sua posição após os atentados do 11 de Setembro. Ligou-se também com grande frequência os centros *off-shore* ao apoio ao desenvolvimento, concentrando-os em ilhas ou pequenos Estados com dificuldades em atrair o investimento. Rapidamente se ultrapassaria este contexto, com a criação em países desenvolvidos (dos Estados Unidos, no Delaware, ao Luxemburgo) de formas de tributação mais favoráveis. O G-7 criou uma *Financial Action Task* com o objectivo de introduzir regulação para estas entidades, mas foram muitas as dificuldades com que se confrontou.

Uma quinta térmita corresponde aos derivativos e *hedge funds*. Os últimos actuam com frequência a partir dos *off-shores*, mantendo-se em áreas financeiramente não reguladas. Por seu turno, os derivativos, com a sua enorme complexidade, tornam difícil identificar os beneficiários e a jurisdição a que devem ser imputados os resultados obtidos.

A sexta térmita é a crescente incapacidade ou, muitas vezes até, a ausência de vontade, de tributar pessoas com extrema volatilidade na movimentação dos capitais, num mercado internacional de capitais cada vez mais liberalizado.

A sétima térmita liga-se com a intensa atividade internacional de algumas pessoas, sendo de notar que nem no seio da União Europeia foi possível criar uma taxa mínima que ajudasse a combater essa situação de fuga aos impostos.

A oitava térmita consiste na compra de bens no estrangeiro em jurisdições que praticam impostos baixos sobre vendas ou nem sequer as tributam.

Sintetizando, no final do seu artigo, Tanzi torna claro que as térmitas determinarão quebras muito acentuadas da receita fiscal e, consequentemente, aconselha os Estados a alterarem os seus sistemas fiscais, no sentido de permitir menos a actuação destes agentes perniciosos.

No que respeita aos paraísos fiscais, Tanzi considera possível uma acção concertada e violenta dos países mais desenvolvidos e sugere a identificação destes territórios. O progresso da tecnologia informática poderia facilitar a troca de informações entre administrações, combatendo a fuga. Também em relação aos derivativos, seria possível, na sua opinião, uma melhor iniciativa técnica, ainda que admita as suas dificuldades. Dedica especial atenção às iniciativas na União Europeia no sentido de combater a concorrência desleal.

É justo o reconhecimento da clarividência de Tanzi — numa análise feita há quase vinte anos — com a confirmação do acerto das previsões que formulou e das sugestões que apresentou.

Apesar das múltiplas iniciativas adotadas ao longo destes anos, nem sempre com apoio político, estamos longe de ter conseguido alcançar os resultados desejáveis, ainda que se possa dizer que os resultados seriam bem piores se não tivessem sido postas em prática algumas dessas ações.

A globalização constitui, claramente, o principal factor de retracção das receitas fiscais, actuando, na opinião de Rita Calçada Pires[146], nas seguintes dimensões, todas elas

---

146 *Manual de Direito Internacional Fiscal*, op. cit., p. 19.

essenciais: a tecnologia, os novos actores do poder nacional e internacional, a mobilidade, a interdependência e o enfraquecimento do poder público.

O desenvolvimento das novas tecnologias — um dos grandes desafios que se colocam às nossas sociedades —, assume aqui um papel muito relevante, pondo de pé a globalização e permitindo o seu aprofundamento, ao mesmo tempo que se revela essencial para que os Estados possam tentar manter ou recuperar algumas das suas receitas.

Se a limitação da soberania fiscal se iniciou com tratados de dupla tributação, não se pode deixar de levar em conta que os grandes tratados comerciais multilaterais envolvem uma perda muito superior. Essa perda está designadamente ligada a um fenómeno de que se já falou e que é a emergência de um conjunto de actores privados na cena internacional, com capacidade para condicionar as opções dos Estados e influenciar as suas políticas públicas.

Também no sector público não se podem ignorar as limitações à soberania fiscal resultantes da actuação das organizações internacionais, até há pouco fortemente ligadas a um ideário liberal, condicionado pelo Consenso de Washington. A experiência do Banco Mundial e do Fundo Monetário Internacional com os países menos desenvolvidos é bastante clara, assim como o foi a da *troika* em Portugal.

O secretário-geral cessante da OCDE, José Ángel Gurría[147], numa clara manifestação de entusiasmo com as medidas financeiras do plano Biden, considera as propostas para impedir que as multinacionais transfiram os seus lucros para paraísos fiscais "*uma oportunidade única na vida para conseguir uma revisão completa do sistema fiscal internacional, tanto para proporcionar mais segurança fiscal às empresas, como para garantir que todos paguem a sua devida parte de impostos. [...]* E conclui: "*O ímpeto americano é exactamente o que preci-*

---

147 «Biden's plans are "once in a lifetime" chance to end global tax abuse, says OECD boss», *The Guardian*, 29 de Abril de 2021.

sávamos para conseguir finalizar as negociações antes do final do Verão".

A proposta já recebeu o apoio da França e da Alemanha e críticas da Irlanda, um dos clássicos paraísos fiscais que perderia 20% do rendimento fiscal.

Se os 135 países que estão a debater o acordo não chegarem a uma conclusão, corre-se o risco de se entrar numa nova era de conflitos comerciais à escala mundial. É também disso que fala o líder da OCDE quando refere: "*hoje, encontramo-nos numa encruzilhada: avançar com um maior esforço de cooperação fiscal, ou enfrentar o risco de países a tomarem medidas unilaterais. Isto não só resultaria num aumento da incerteza fiscal, como também poderia provocar uma guerra comercial ligada aos impostos — a última coisa que uma economia assolada pela pandemia precisa*".

A resolução destes problemas assenta, na existência de uma estrutura financeira sólida, como reconhece a Directora do Fundo Monetário Internacional, Kristalina Georgieva, em entrevista a Martin Wolf.[148]

Na preparação do futuro, jogam-se de forma decisiva, nas finanças públicas, questões de curto e de longo prazo.

Kristalina Georgieva alerta-nos para o financiamento da vacinação a nível mundial: "*Deixem-me assinalar um ponto muito importante. As vacinas são maravilhosas, mas não são uma varinha mágica. Elas levam tempo a ser aplicadas à volta do mundo e é por isso que as nossas mensagens são evitar acidentes e salvar vidas. É preciso não retirar o suporte às políticas prematuramente e, em segundo lugar, temos de actuar decisivamente para as vacinas estarem rapidamente disponíveis em toda a parte e para todos, porque é isso que as transformará num êxito duradouro*".

Isto porque, como afirma a Directora-Geral do FMI na mesma entrevista, "*estamos numa posição resiliente mas não podemos tomar a estabilidade financeira por garantida [...]. Temos de construir um sistema de saúde global que torne as pessoas mais*

---

148 «We Are in a Resilient Place but Cannot Take Stability for Granted», *Financial Times*, 18 de Janeiro de 2021.

resistentes aos choques que se avizinham, porque — deixem-me ser franca — esta não vai ser a única emergência sanitária. Sabemos que, com a emergência climática, precisamos urgentemente de pessoas resilientes. E segundo, esta crise não vai prescindir magicamente de todas as cicatrizes que causou. Haverá cicatrizes. Os níveis de endividamento são elevados, os níveis de endividamento das empresas são elevados, o endividamento oficial é elevado, e uma vez retirado o apoio político, nem todos conseguirão chegar ao outro lado desta crise. Ter uma cooperação global para garantir que somos resilientes e que limitamos ao máximo as cicatrizes será absolutamente essencial."

Em torno das finanças, construíram-se alguns impérios e ruíram outros. Povos levantaram-se em revoluções vitoriosas e outros foram esmagados, mas dificilmente se encontrou um equilíbrio porque o que uns quiseram outros recusaram e assim sucessivamente. Mas é altura de voltar à ideia de que a crise poderá ser uma oportunidade capaz de gerar consensos mais alargados, que permitam medidas que assegurem um melhor futuro para as sociedades.

Sendo certo que a investigação científica tem evoluído extremamente nas últimas décadas, a verdade é que essa evolução tem um custo financeiro muito elevado, o que conduz a uma discriminação entre tratamentos para muito ricos e tratamento para pobres, relação em que, basicamente, imperam as velhas soluções[149].

Público e privado devem unir forças para conseguirem enfrentar eficazmente as dificuldades com que vamos todos deparando e relativamente às quais não se conhece razão que justifique uma discriminação de tratamento.

Isso exige, naturalmente, o abandono do modelo das finanças neoliberais, com o seu pressuposto de inutilidade da despesa pública e também da convicção de que a riqueza privada garantirá um futuro feliz para todos os membros da comunidade social.

---

[149] William Baumol, *The Cost Disease*, Yale University Press, 2012.

É preciso que deixem de existir sociedades a várias velocidades, nas quais tudo é fácil para uns e muito difícil para outros. Uma reforma fiscal socialmente justa deve pôr cobro à discriminação dos rendimentos do trabalho em relação aos do capital.

Impõe-se, por outro lado, colocar um termo final à fuga fiscal internacional, iniquidade que assegura que montantes inconcebíveis de dinheiro não paguem ou quase não paguem impostos, quando a tributação normal dessas verbas melhoraria a capacidade financeira dos Estados, tornando muito mais fácil a vida de todos.

A presença do Estado como uma força protectora do bem-estar dos cidadãos e, em particular, daqueles que conhecem maiores dificuldades, tem conhecido variações significativas ao longo do tempo, o mesmo acontecendo com a percepção dos cidadãos sobre essa solução. A protecção do Estado pressupõe níveis mais elevados de impostos, mas garante que faixas significativas da população não são remetidas para a caridade e a pobreza.

Se abandonarmos experiências mais antigas, como as do chanceler Bismarck, o chamado Estado Social desenvolveu-se particularmente na Europa, ainda que com diversos graus de intensidade, sendo particularmente forte nos países nórdicos, quase inexistente em Portugal ou Espanha e muito débil na Itália e na Grécia[150].

Nas últimas décadas, com o desinteresse dos partidos social-democratas e as campanhas maciças dos partidos de extrema-direita sobre os "preguiçosos alimentados pelo Estado" — assentes em falsas notícias ou em excepções que convertem em regra —, diminuiu muito o apoio a estas medidas, **enquanto as classes médias optaram por sistemas de protecção social assentes em seguros, atitude fortemente recomendada pelo Fundo Monetário Internacional.**

À escassez de benefícios concretos na crise de 2007–2008, que privilegiou largamente os bancos, sucedeu-se a resposta

[150] Vd. o meu, *Por uma Sociedade Decente*, cit.

à crise da covid-19, em que muitos privados vieram a receber apoios que não esperavam, o que lhes permitiu, com mais ou menos dificuldade, sobreviver e prosseguir a sua actividade, gerando-se uma significativa modificação das percepções políticas em relação ao papel do Estado.

Num excelente artigo, o *The Economist*[151] fornece um conjunto de dados profundamente reveladores, que se encaixam nessa interessante reflexão. Assim, em Janeiro de 2021, a OIT revelara que tinham sido lançadas, desde Fevereiro de 2020, 1600 medidas de protecção e que, nalguns países ricos, 60% dos que tinham recebido ajuda para a pandemia nunca tinham suportado qualquer pagamento para a segurança social anteriormente.

Diversas sondagens realizadas ao longo do tempo parecem manifestar um claro apoio a um maior envolvimento do Estado, ainda que em moldes diferentes. Trata-se agora de garantir que ele é um protector contra qualquer calamidade:

> *"Existe uma apreciação renovada do papel dos governos em investir em riscos, particularmente aqueles que as seguradoras consideram «não seguráveis». A pandemia tem vindo a demonstrar até que ponto os governos podem suavizar os choques. Nos dois dias de Abril em que o maior grupo de americanos recebeu os seus cheques de estímulo, as despesas das famílias de baixos rendimentos aumentaram 26 pontos percentuais, para níveis próximos dos tempos pré-pandemia, segundo a investigação de Raj Chetty da Universidade de Harvard e colegas. Vários economistas defenderam que a pandemia mostrou por que é que a generosidade dos benefícios deve estar ligada ao estado da economia, com os apoios sociais a actuar como um amortecedor de choques quando os tempos se tornam mais difíceis.*
>
> *Um Estado Social renovado poderia proporcionar flexibilidade suficiente para promover o trabalho, mas ainda assim intervir quando ocorre uma catástrofe. Terá de investir em capital humano.*

---

[151] «Covid-19 Has Transformed the Welfare State. Which Changes will Endure?», 6 de Março de 2021.

A pandemia tem vindo a acelerar mudanças na estrutura da economia. [...] O impacto das alterações climáticas, das inovações tecnológicas e das transformações demográficas no emprego e nos modos de viver é difícil de prever. Mas uma crescente perturbação social é quase certa. Melhores precauções não podem começar suficientemente cedo.

Parece estar, de facto, a acontecer uma mudança de paradigma do Estado, que abandonou a anterior política de *bail-out* dos grandes bancos para usar o mesmo dinheiro para diversas finalidades, como a distribuição de pacotes de estímulo, a protecção contra o desemprego, a investigação científica e a produção de vacinas.

Num livro recente, e muito interessante, a directora da London School of Economics, Minouche Shafik[152], coloca com grande pertinência a questão da forma como nos devemos preparar para identificar os princípios fundamentais a adoptar pelas sociedades para enfrentarem os desafios emergentes, com profundas implicações no género, na educação, na igualdade, na saúde e no futuro do trabalho, por forma a definir um Novo Contrato Social para uma Melhor Sociedade.

E, com total pertinência, escreve Mariana Mazzucato[153]: "*Não é suficiente para os governos limitarem-se a intervir como prestamistas de último recurso quando falham os mercados ou ocorrem crises. Eles deveriam desenhar os mercados de modo a que pudessem produzir os resultados de longo prazo que beneficiam todos*".

Para a economista italo-americana, trata-se, aliás, de pôr termo a uma situação em que "*por demasiado tempo, os governos socializaram os riscos, mas privatizaram os prémios: o público pagou o preço de limpar a confusão, mas os benefícios dessas limpezas foram largamente para as empresas e os seus inves-*

---

[152] *What we owe each other*, Princeton, 2021.

[153] «Capitalism After the Pandemic», *Foreign Affairs*, Novembro/Dezembro de 2020.

tidores. Em tempos de crise, muitas empresas são velozes a pedir a ajuda do governo, mas nos bons tempos elas pedem que os governos se ponham de lado".

Neste excelente e muito motivador artigo, a proposta central de Mazzucato é a de que que, tal como aconteceu nos tempos de John Kennedy e da ida à Lua, público e privado se juntem em torno de objectivos comuns: "*O Estado não pode limitar-se a investir, ele deve assegurar o acordo certo. Para o fazer tem de começar por pensar como aquilo que chamei de estado empreendedor — tornando seguro que à medida que investe não está só a pagar passivos mas também a obter parcelas dos lucros*".

Naturalmente que esta inflexão do papel do Estado não é fácil de operacionalizar já que vai contra muitas décadas de um discurso fácil de passar porque acende os receios das pessoas. Nos Estados Unidos, por exemplo, ainda que haja um significativo apoio popular aos planos Biden, percebe-se que as sucessivas ameaças de Trump de que levariam à inflação e à bancarrota ainda fazem eco, particularmente entre eleitores mais idosos e tornam a vida mais difícil a congressistas que encararem a hipótese de os apoiar. Mas vai-se tornando evidente o crescente optimismo e determinação da administração Biden, revelada pelo Presidente, ao falar pela primeira vez perante as duas câmaras, reunidas em 28 de Abril de 2021[154].

Dele recuperamos algumas passagens especialmente significativas:

> *"A América está outra vez a avançar. Não podemos parar agora. Passaram 100 dias desde que prestei juramento — ergui a minha mão da Bíblia da nossa família — e herdei uma nação em crise. A pior pandemia num século. A pior crise económica desde a Grande Depressão. O pior ataque à nossa democracia desde a guerra civil.*

---

[154] O discurso na íntegra pode ser consultado no *Washington Post*. No *Público*, de 29 de Abril de 2021, pode encontrar-se um resumo.

Agora — depois de apenas 100 dias — posso informar a nação: a América está a avançar outra vez. A transformar o perigo em possibilidade. A crise em oportunidade. Os retrocessos em força".

O Presidente Biden sublinhou os 1,3 milhões de empregos criados em três meses e defendeu os progressos alcançados na luta contra a pobreza infantil. Nessa mesma semana aumentou o salário mínimo de 390 mil trabalhadores e explicou como quer pôr o grupo dos 1% mais ricos a pagar a maior parte do seu plano de 1,8 mil milhões de dólares (1,5 mil milhões de euros) para o combate à pobreza e à desigualdade nos EUA. E nessa intervenção exortou ainda à compreensão dos norte-americanos:

"Compatriotas, a economia 'trickle down' [ideia de que a redução dos impostos sobre os mais ricos acaba por originar um aumento de riqueza para os mais pobres] nunca funcionou. É o momento de fazer a economia crescer de baixo para cima [...] temos de provar que a democracia ainda funciona, que o nosso governo ainda funciona e que podemos ajudar o nosso povo".

Em matéria de finanças públicas é também relevante dar atenção à dimensão internacional; às finanças públicas internacionais e aos profundos desequilíbrios que elas revelam.

A correcção da profunda desigualdade na distribuição dos rendimentos entre Continentes e Estados, impõe uma intervenção determinada no domínio das finanças públicas, que passa, designadamente, pela atuação das agências de Bretton Woods que, nos anos 90 do século passado, firmaram o chamado *Consenso de Washington*, um programa assente na privatização total da economia, na globalização e na redução dos impostos, que teve efeitos desastrosos.

Neste momento, como se pode ver das várias declarações proferidas por dirigentes destas instituições, começa a gerar-se um novo consenso, de sinal absolutamente contrário, que convida ao investimento maciço nos países em desenvolvimento, à anulação ou redução da dívida e a uma ordem fiscal mais justa.

Em Dezembro de 2020, Clotilde Palma, que acompanha os trabalhos de fiscalidade internacional, numa conferência sobre a fiscalidade[155] manifestava optimismo quanto à evolução da fiscalidade internacional, apontando razões e orientações, de que se destaca a percepção de que a inacção poderia ter custos muito superiores aos da acção; a indicação de que as medidas deveriam ser sempre articuladas com outras políticas, como as de saúde, a comercial, as sociais, as laborais, a financeira e a monetária, acabando por concluir pela necessidade de revisão dos sistemas fiscais.

Entretanto, a OCDE publicou recentemente[156] um estudo — *Tax Policy Reforms: 2021 Special Edition on Tax Policy During the covid-19 Pandemic* — que faz um levantamento muito detalhado das medidas de finanças públicas, incluindo as temporárias e aquelas que tenderão a permanecer o qual constitui um instrumento de trabalho de grande utilidade.

4. ESTABILIZAR E REGULAR OS MERCADOS

A criação dos mercados financeiros em que aqueles que dispunham de dinheiro para aplicar o entregavam directamente aos que careciam de meios para investir, eliminando intermediários, representou um factor essencial para o progresso do sistema capitalista que viria, no entanto, a conhecer fenómenos perversos, resultantes de desenvolvimentos imprevistos das aplicações e da assimetria de informação entre os agentes envolvidos.

Tornou-se, assim, evidente que os mercados, apesar da sua origem praticamente privada, não poderiam funcionar

---

[155] Organizada pelo Instituto Europeu, IDEFF e Caixa Geral de Depósitos.

[156] Maio de 2021.

sem uma regulação pública que entraria em crise com a globalização e a evolução do liberalismo.

Apesar de ainda hoje a Constituição Portuguesa consagrar, no artigo 101º, que «o sistema financeiro é estruturado por lei, de modo a garantir a formação, a captação e a segurança das poupanças, bem como a aplicação dos meios financeiros necessários ao desenvolvimento económico e social», há uma clara percepção da incapacidade de atingir esse desiderato.

A circunstância de os tipos de mercado se terem desenvolvido muito e, em muitos casos, a sua dimensão e diversidade de produtos, justificam diversas qualificações de marcados das quais nos interessa reter especialmente os **Mercados Físicos,** estrutura, onde os compradores podem encontrar fisicamente os vendedores e comprar-lhes a mercadoria desejada em troca de dinheiro**, os Mercados Virtuais em que** os compradores adquirem bens e serviços através da Internet, os **Mercados de Conhecimento** que lidam com a troca de informações e produtos baseados no conhecimento e os **Mercados Financeiros** que lidam com a troca de activos líquidos (dinheiro) **Mercados de Acções:** Uma forma de mercado onde vendedores e compradores trocam acções; obrigações, valores cambiais ou futuros.

Sabemos já que o desenvolvimento dos fenómenos do consumismo e do enriquecimento a qualquer preço conduziram as sociedades a fenómenos de profunda desigualdade e estiveram na origem de crises dramáticas, de entre as quais não pode ser excluída a própria covid-19.

A corrida pelo enriquecimento foi magistralmente analisada por Robert Skidelsky e Edward Skidelsky, em *How Much Is Enough?*[157], que coloca a questão dos limites morais da riqueza e dos mercados. Os mesmos autores voltaram ao tema com a edição do livro colectivo *Are Markets Moral?*[158],que confronta de modo especialmente brilhante a

157 Londres: Penguin Books, 2012.
158 Londres: Palgrave Macmillan, 2015.

percepção de economistas e filósofos, na sua generalidade críticos da forma como os mercados actuam.

Ao longo do caminho cruzámo-nos várias vezes com a problemática dos mercados. Umas vezes, olhamos para a forma como Estado e mercados disputam terreno. Outras, detectamos elementos de perversidade e irracionalidade dos mercados. Noutras, vimos que as medidas tendentes a assegurar a igualdade entre os participantes nos mercados têm vindo a ser desmanteladas. Noutras ainda, apercebemo-nos de como os mercados induzem desigualdades que tornam as sociedades injustas e pouco eficientes.

Aqui chegados, importa sintetizar e ordenar ideias, olhando para o que são realmente os mercados, perscrutando a razão por que devemos preocupar-nos com a forma como funcionam, uma vez que não parece razoável pensar em qualquer forma de organização da economia que possa prescindir da sua existência, como o demonstra a História recente.

Os riscos dos mercados ao longo de séculos de história ficaram bem atestados em algumas obras fundamentais como a de Charles P. Kindleberger e Robert Z. Alibert, *Manias, Panics, and Crashes: A History of Financial Crisis*[159], que levou Paul Samuelson a afirmar «por alguma vez nos próximos cinco anos você vai pontapear-se por não ter lido *Manias, Panics, and Crashes* de Kindleberger».

Ironicamente, Charles Lindblom, autor de uma excelente e muito equilibrada obra sobre a matéria, escreve: «Podemos estudar economia durante muitos anos sem compreender o nosso sistema de mercado. Eu licenciei-me sem o compreender. Se os meus professores o compreenderam, não se deram ao trabalho de explicar a sua estrutura. Eles ensinavam-nos acerca das árvores, mas não da floresta, sobre inflação, monopólios e comércio internacional, mas, de algum modo, falharam até hoje em ensinar a

---

[159] Londres: Palgrave Macmillan, 7.ª ed., 2015.

estrutura global da organização social chamada sistema de mercado»[160].

Na esteira de Lindblom, importa considerar que, muito mais do que olhar acriticamente para os mercados ou considerá-los como uma simples questão técnica, é necessário compreender o que eles podem fazer pela sociedade, determinando em que medida são um factor de desenvolvimento e eficiência, num plano económico, e de construção de uma boa sociedade, num plano ético, afigurando-se-me que os dois aspectos são indissociáveis.

Nessa apreciação não se pode deixar de levar em consideração que os mercados, que acompanham toda a história da economia e representam uma realidade fundamental do capitalismo, ganharam nas últimas décadas uma força desmedida, à medida que os poderes públicos aceitavam a sua supremacia e o poder para condicionar a decisão política, enquanto a globalização criava um quadro de volatilidade e invisibilidade que despedaçou as fronteiras nacionais.

No nosso quotidiano, passámos a ouvir constantemente que determinadas acções ou opções não eram possíveis porque os mercados não deixavam. Como tínhamos ouvido, em crianças, que os nossos pais não deixavam ou, noutras épocas, que o Estado não deixava, ou que a nossa fé religiosa não deixava.

Curiosamente, o Papa Francisco tem sido um dos maiores e mais consequentes críticos do poder absoluto dos mercados, sem convencer católicos como João César da Neves, seguramente um economista que serve Deus e os mercados com igual fervor, a considerar que há um equívoco na interpretação da mensagem do Papa e a considerar-se apto a — Bom Apóstolo — explicá-la aos cristãos[161].

Se é inequívoco que a problemática dos mercados ganhou uma centralidade muito particular nas últimas

---

[160] *The Market System. What it is, How it Works and What to Make of It.* Londres: Yale University Press, 2002.

[161] *A Economia de Francisco. Diagnóstico de um Equívoco.* Lisboa: Principia, 2016.

décadas do século passado e, sobretudo no século XXI, nem por isso se pode ignorar que aquela que é, ainda hoje, a mais importante reflexão nesta área — *A Grande Transformação*, de Karl Polanyi — foi escrita em 1944.

Impressiona pensar quão escasso era o poder dos mercados nesse período histórico e, especialmente, no ano da publicação do livro — fortemente condicionada pela economia de guerra — quando comparado com o que sucede nos nossos dias.

Mas, ainda assim, e com base numa interessantíssima investigação histórica, Polanyi vem sustentar que a grande transformação ocorrida com o capitalismo consistiu na extensão dos mercados a todas as áreas da vida humana e designadamente ao trabalho que, pela sua intrínseca ligação à vida humana, nunca poderia ser colocado no plano das mercadorias.

Da sua análise histórica resulta, aliás, a contestação firme da importância dos mercados ao longo da história, uma vez que aquilo que vamos encontrar são mercados limitados a funções de ponto de encontro para trocas comerciais.

Por isso, Polanyi pôde escrever que «o passo que vai dos mercados isolados a uma economia de mercado, dos mercados regulados aos mercados auto-regulados é, com efeito, decisivo. O século XIX — quer saudasse esse facto como o auge da civilização, quer o deplorasse como uma proliferação cancerosa — imaginou ingenuamente o desenvolvimento em causa como o desfecho natural da difusão dos mercados. Não se deu conta de que a transformação dos mercados num sistema auto-regulado detentor de uma força assustadora não decorria de uma qualquer tendência intrínseca dos mercados a proliferarem, mas era antes o efeito de estimulantes artificiais ministrados ao corpo social a fim de dar resposta a uma situação que fora criada pelo fenómeno não menos artificial do mecanismo».

Se as revoluções liberais conduziram à crença sem limites na aptidão dos mercados para regular a economia, não se pode deixar de recordar as várias medidas que foram sendo tomadas no sentido de os disciplinar e sublinhar que os tempos em que estas medidas funcionaram efectivamente correspondem ao período de ouro do capitalismo.

Foi, talvez, pelo facto de não terem feito este tipo de abordagem que os professores de Lindblom não se aperceberam de que, mais do que árvores, havia uma floresta e uma floresta de enganos, mas para a percepção dessa realidade seria necessário o desenvolvimento da sociologia económica que, de alguma forma, é precedida pelo livro de Polanyi.

Se é frequente considerar-se que é a intervenção do Estado que põe em causa a liberdade de mercado, não se pode deixar de considerar que tal afirmação constitui uma falácia, uma vez que o mercado livre nunca existiu, antes sendo sempre condicionado pelas regras que produz. Assim, a questão deve ser reformulada no sentido de determinar quem estabelece as regras e quem as controla.

Só a intervenção estatal nos permite uma aproximação ao mercado livre, corrigindo as falhas do mercado, através de uma acção pública expressa em vários domínios, visando assegurar a igualdade de condições entre todos os participantes. Com toda a pertinência, Robert Kuttner pôde, aliás, recordar que «sem intervenção do Estado, o mercado pode destruir uma série de coisas — incluindo ele próprio»[162].

A estrondosa queda do bloco soviético veio trazer um período de glorificação do mercado sem precedentes. A esquerda que, anteriormente, o olhava com cepticismo ou, pelo menos, a extensão com que ele ditava as suas regras, passou a procurar uma aproximação *market friendly*.

Da mesma forma, é compreensível que os produtores e demais agentes colocados do lado da oferta tentem maximizar os seus proveitos, tal como qualquer sujeito económico privado tenta obter o máximo do seu trabalho.

As dificuldades começam, isso sim, quando se compreende que o enorme esforço para conter o poder dos

---

[162] *Everything for Sale: The Virtues and Limits of Markets*. Chicago: The University of Chicago Press, 1997.

mercados e para igualizar o poder de negociação, designadamente em matéria de Direito do Trabalho e de consumo, foi hoje praticamente anulado.

Por outro lado, a hipótese de os mercados gerarem as suas próprias formas de correcção está cada vez mais limitada. A evolução tecnológica, ligada aos efeitos do *marketing* anteriormente analisados, levaram a que existisse cada vez menos concorrência entre produtos alternativos valorados de igual modo pelos consumidores, o que podia travar a subida de preços, uma vez que os produtos tendem cada vez mais a afirmar a sua diferença dos restantes já existentes no mercado.

Provavelmente, como foi notado com especial acutilância por Shiller e Akerlof, a ideia de mercado comporta em si mesma um mecanismo perverso, uma vez que, se o objectivo é o lucro, então trata-se de o conseguir a qualquer preço. Por isso, Michael Waltzer pôde, com toda a pertinência, colocar a questão de saber se os mercados livres corroem o carácter moral e responder: «Sim. Claro que corroem. A concorrência nos mercados coloca às pessoas uma grande pressão para cortar com as regras normais de conduta e para, a seguir, produzirem boas razões para o terem feito. São estas racionalizações — o convencimento sem fim necessário para chegar ao fim da linha e ainda assim sentir-se confortável — que corroem o carácter[163].»

No fundo, poderemos considerar que se opõem duas concepções distintas de mercado: uma, que considera que o mercado é tanto mais livre quanto não existir qualquer forma de pressão política ou legislativa ou de hetero-regulação e, outra, que defende que os mercados livres pressupõem uma actuação independente que possa disciplinar os agentes, impedindo-os de dar rédea solta aos seus sentimentos negativos, reforçando os poderes das organizações de trabalhadores, assegurando uma tributação progressiva

---

[163] «Does Free Market Corrode Moral Character?», disponível em https://www.templeton.org/market/PDF/Walzer.pd.

e a consequente redistribuição, assim como a regulação de bancos e, mais globalmente, dos sistemas financeiros.

Um dos aspectos mais extraordinários da falácia neoliberal sobre os mercados é a ideia constantemente propagandeada, através do muito oleado sistema de controlo da comunicação social e das faculdades de economia, de que eventuais crises são uma fatalidade menor associada ao sistema capitalista, sem grande expressão no contexto dos enormes benefícios.

Ignora-se, assim, o efeito devastador que a Grande Depressão de 1929 ou a Grande Recessão de 2008 tiveram sobre a vida de centenas de milhões de pessoas, que ficaram sem emprego ou foram forçadas a contribuir para a reparação dos prejuízos resultantes da salvífica liberdade dos mercados.

Quando hoje se fala em mercados livres, ou sistema de mercado, o que está em jogo é um domínio total do mercado que se estende para além das suas fronteiras normais, para passar a ser a base de funcionamento da sociedade, invadindo áreas nunca antes consideradas como passíveis de análise em termos de mercado.

Sabemos bem, hoje, que os incentivos existentes nos mercados para que os agentes introduzam factores de distorção têm como óbvia consequência sistemas que não são de mercado livre. E, muito provavelmente, Ian Fletcher tem razão quando afirma «ninguém, mas mesmo ninguém, acredita nos mercados livres. Isto é seguro. Nem o Partido Republicano, nem os libertários, nem o *Wall Street Journal,* ninguém»[164].

Definitivamente não se pode pensar hoje nos mercados como um puro fenómeno económico, uma vez que eles se tornaram um poderosíssimo factor de ordenação e condicionamento social, perante a passividade dos decisores políticos — eles próprios determinados e condicionados pelos mercados.

---

[164] «Why Free-market Economics Is a Fraud», *Huffington Post,* 12 de Fevereiro de 2012.

Só por total distracção ou evidente má-fé é possível ignorarmos que já não desempenhamos qualquer papel nos mercados em que deveríamos estar integrados ou — melhor — aos quais deveríamos recorrer para satisfazer as nossas necessidades.

Luís Filipe Castro Mendes, num dos seus livros de poesia — *A Misericórdia dos Mercados*[165], dá-nos conta da amargura dessa verificação, num pequeno poema que sintetiza aquilo que exigiria normalmente uma explicação longa e, seguramente, não tão acutilante:

Nós vivemos da misericórdia dos mercados.
Não fazemos falta.
O capital regula-se a si próprio e as leis
São meras consequência lógicas dessa regulação,
Tão sublime que alguns vêem nela o dedo de Deus.
Enganam-se.
Os mercados são simultaneamente o criador e a própria criação.
Nós é que não fazemos falta.

Não se pode, também, esquecer que a emergência, no século XIX, das sociedades por acções, veio criar novas formas de financiamento, na medida em que permitiu, através da fragmentação do capital, a aplicação directa de poupanças no capital de empresas, que passam a dispor de uma forma de financiamento que não implica a intermediação financeira, nos termos em que era classicamente entendida.

Esse fenómeno correspondeu a uma forma de democratização da empresa, que permitiu que pequenos aforradores fossem simultaneamente empresários, ainda que o

---

[165] Quando entrei numa livraria para comprar o livro e depois de não o ter encontrado na secção de poesia, pedi informação a um funcionário que, um tanto irritado, me respondeu que esse era um livro de economia, tendo ido buscá-lo à prateleira respectiva. Durante muito tempo contei essa história com um sentido anedótico, mas quando enceto este capítulo sobre os mercados e revisito o livro, tendo a pensar que, afinal, o livreiro tinha razão.

seu afastamento do centro de decisão limitasse, em muito, o significado desta metamorfose, mesmo quando criados deveres de informação aos sócios.

Rapidamente se percebeu, no entanto, que este tipo de poupança privilegiava particularmente a liquidez e se associou às acções a característica da negociabilidade, o que fez com que, mais do que interesse na gestão da empresa, ou na percepção de dividendos, o pequeno accionista se preocupasse com a obtenção de bons resultados, por forma a valorizar os seus títulos e a possibilidade de os negociar.

O desenvolvimento económico que se sucedeu à Revolução Industrial e, na América, à expansão para o Oeste, determinaram o aparecimento de mercados financeiros de uma enorme importância, que garantem duas funções fundamentais: permitir a emissão e colocação de títulos que assegurem a recolha de capitais (mercado primário) e organizar a negociação dos títulos, permitindo ao investidor gerir o tempo de permanência do investimento (mercado secundário).

A característica fundamental destes mercados — mais espontâneos nos Estados Unidos, mais regulados publicamente na Europa — é serem mercados de informação, onde os melhores operadores são aqueles que obtêm informação de mais qualidade e mais rápida.

Outras referências fundamentais para a solidez dos mercados são a transparência e a qualidade de informação — aspectos com que se preocupa especialmente o Código de Mercado de Valores Mobiliários[166].

Pensar-se-ia que, apesar da impossibilidade de controlar movimentos irracionais dos mercados, um sistema financeiro assim enquadrado estaria bastante imune a situações de crise. Os dramáticos últimos anos revelam que assim não é.

---

[166] Vd. o meu artigo «Informação e Mercados de Valores Mobiliários». Lisboa: *Revista da Banca*, N.º 50, Jul.-Dez., 2000, pp. 5-35.

Quando tentamos estabelecer uma nova sociedade em que não exista instabilidade nem a ameaça de que um pequeno número de poderosos possa causar a desgraça de tantos outros, as medidas de defesa dos mercados são essenciais.

Até agora, os mercados financeiros têm-se mantido estáveis ou em alta, o que é extremamente positivo para a saída da crise, mas nada nos garante que as coisas continuem assim e há neste momento alguns factores de novidade cujas consequências e impactos são difíceis de avaliar, como no fundo sucede com todos os fenómenos bolsistas, ainda que aqui haja aspectos novos a ponderar.

Alguns produtos criam, no entanto, especiais dúvidas e tornam-se em mercados autónomos puramente especulativos, não sujeitos a qualquer regulação, antes se traduzindo numa espécie de jogo de ricos, onde todavia alguns pequenos investidores se vêem atraídos a entrar dadas as valorizações absurdas conseguidas em curto prazo, o que talvez justifique alguma atenção regulatória.

É o caso, designadamente dos *«non-fungible tokens»* que Molly Roberts aborda nos seguintes termos:

> *O mundo está numa espécie de delírio acerca dos* non-fungible tokens *ou NFTs, cripto-jargão para um conceito tão retorcido quanto soa. Os NFTs são coleccionáveis digitais, verificados através da* blockchain, *de forma a que uma imagem, música, url ou qualquer outra peça de dados seja autenticada como «original». Colocar um preço em algo sem preço, no entanto, não sai barato.*
>
> *A inovação NFT dá valor a algo que de outra forma não teria valor algum, ao permitir que as pessoas possam reclamar a posse exclusiva de fichas comerciais que não podem realmente segurar, ou carros que não podem conduzir, ou gatinhos de edição limitada a que não podem realmente dar festinhas.*

Muito mais importante pelos valores investidos e pelas alterações altíssimas de cotações são, no entanto, as aplicações em empresas que lidam com criptomoedas, bastando recordar que a mais importante delas — a *Bitcoin* — passou num ano de um valor de 5.000 dólares para 50.000, sendo que em 2010 valia menos de um cêntimo[167].

Muito revelador dos riscos e da volatilidade desmesurada das criptomoedas é a estranha operação do proprietário da *Tesla*, Elon Musk, que investiu um bilião e meio de dólares na *Dogecoin* e fez várias referências elogiosas, fazendo-a subir cerca de 50% para a seguir, a fazer descer 30%, ao ter reconhecido que esta criptomoeda, criada inicialmente como uma piada irónica sobre a loucura especulativa deste tipo de moedas[168], não era nada mais que um «*hustle*».

De novo, com um conta de Twitter onde anunciou que deixaria de aceitar bitcoins para pagamentos na Tesla, provocou um nova descida de 17%, que viria a ser recuperada, mas que é um confirmação da volatilidade e risco destes activos e a sua dependência dos movimentos dos agentes financeiros, não havendo qualquer ligação com valores reais.

Em geral, os compradores de Bitcoins até ao momento têm obtido lucros brutais, mas a qualquer momento pode uma quebra gigantesca destruir esta situação com reflexos graves na generalidade dos mercados financeiros, onde esses investidores colocam também investimentos.

Neste sentido, parece que o valor da *Bitcoin* é apenas o exemplo mais recente numa longa linhagem de euforias especulativas. Alguns defendem, pelo contrário, que se trata do reconhecimento do seu valor intrínseco enquanto alternativa às moedas tradicionais. O economista Alexandre Abreu discorda, defendendo que:[169]

---

[167] As criptomoedas têm a particularidade de não serem emitidas por qualquer Estado. Ninguém sabe, por exemplo, quem está por trás da Bitcoin, a mais importante destas moedas.

[168] «Is There a Cryptocurrency Bubble? Just Ask Doge», *New York Times,* 15 de Setembro de 2017.

[169] «Bitcoin: nociva em mais do que um sentido», 22 de Abril de 2021.

> *(...) é verdade que, para alguns utilizadores, as criptomoedas apresentam vantagens que justificarão o pagamento de um prémio, isto é, uma diferença positiva pela possibilidade de utilizar a moeda em questão. Para criminosos, o seu anonimato e não-rastreabilidade facilitam a fuga ao controlo das autoridades; para adeptos de certas correntes libertárias, o facto de contornarem e contestarem o controlo da emissão de moeda pelo Estado torna-as politicamente apelativas. Mas nada disso justifica as flutuações de preço que a* Bitcoin *tem registado, de cerca de 300 dólares por Bitcoin em 2015 para perto de 20 mil dólares em finais de 2018, novamente 3.500 dólares em 2019 e atualmente 46 mil dólares. Esta dinâmica é puramente especulativa.*

Relatórios recentes indicam, por exemplo, que um dos primeiros picos no valor da *Bitcoin*, de 150 dólares para 1000 dólares, em 2013, foi orquestrado por um só investidor[170].

Outro problema relacionado com a criptomoeda é a sua pegada ambiental. Isto porque o número de Bitcoins em circulação não é determinado de forma centralizada, mas sim através da resolução de algoritmos informáticos executados por qualquer pessoa com um computador e requerem um grande poder computacional[171].

A consequência é então, como conclui Alexandre Abreu, «um consumo de energia que não serve qualquer propósito social a não ser proporcionar um mecanismo artificial de gestão da sua própria escassez. E não estamos a falar de quantidades pequenas: o consumo estimado de energia associado à extração de Bitcoin em todo o mundo é

---

[170] Neil Gandal et al., «Price Manipulation in the Bitcoin Ecosystem», *Journal of Monetary Economics*, Vol. 95, Maio 2018, pp. 86-96, 2018.

[171] Este processo de «minar», como é frequentemente chamado (um pouco como se se tratasse de 'ouro digital'), é aliás simultaneamente a forma como as transacções são autenticadas. Aqueles que participam com os seus recursos computacionais na constante verificação de compras e vendas são dessa forma recompensados com moedas.

cerca do triplo do consumo de energia total de um país como Portugal.»[172]

Alguns dos mais importantes investidores financeiros têm assumido posições fortemente contrárias à *Bitcoin*. É o caso, por exemplo, de Warren Buffett e do seu sócio, Charlie Munger, que declarou, durante a reunião anual da Berkshire Hathaway, que a *Bitcoin* «é um produto financeiro inventado a partir do nada» e acrescentando: «Por isso claramente odeio o sucesso da *Bitcoin* e não posso dar as boas vindas a uma moeda tão útil para quem pratica sequestros e extorsões».

Na mesma reunião, os dois investidores atacaram também os criadores de aplicações de *trading* sem comissões, com Buffett a lamentar que eles «tiram partido dos instintos de aposta da sociedade», e Munger a acrescentar que é «horrível que algo assim tenha trazido investimentos de homens civilizados e cidadãos decentes».

Referem-se aqui à nova vaga de empresas de *fintech* que oferecem serviços de compra e venda na bolsa com zero custos. Este é apenas o mais recente desenvolvimento na «corrida às zero comissões», que começou em 1975, quando reguladores nos Estados Unidos acabaram com as comissões fixas que os corretores eram obrigados a cobrar pelos serviços que ofereciam aos seus investidores.

Uma década depois, Charles R. Schwab viria a inaugurar as primeiras plataformas de *trading* electrónico, o *E*Trade* e o *TD Ameritrade*, que permitiam a investidores de retalho comprar e vender acções *online* sem a mediação de um corretor humano. As comissões online rondavam os 40 dólares, o que ainda era alto para os dias de hoje, mas representava uma fracção do que *Wall Street* cobrava. A ideia teve uma adesão imediata, propulsionada pela bolha tecnológica dos anos 90. A competição foi então progressivamente baixando o preço das comissões até que vieram de *Silicon Valley* as primeiras plataformas que as eliminaram

---

[172] Bitcoin gasta quase o triplo da energia de Portugal, *Jornal de Negócios*, 10 de Março de 2021.

por completo. Em 2019, já praticamente todos os corretores americanos tinham aderido a esta prática.

A missão destas novas aplicações, repetida *ad nauseam* durante os últimos anos, é de «democratizar as finanças para todos». Em resposta aos comentários críticos de Buffett, o fundador da *Robinhood*, uma das aplicações pioneiras, afirmou que «existe uma velha guarda que não quer que americanos comuns tenham um lugar na mesa de *Wall Street*, portanto recorrem aos insultos». Num *post* subsequente, continuou o ataque dizendo que «as elites beneficiaram de uma bolsa que pôs várias famílias de parte enquanto acumulavam quantidades exorbitantes de dinheiro com décadas de investimento. (...) As pessoas estão cansadas dos Warren Buffetts do mundo que agem como se fossem os únicos oráculos do investimento».

A retórica populista deste discurso quer fazer crer que os críticos não passam de homens de mais de 90 anos a agir como autênticos «Velhos do Restelo», recusando-se a aceitar a força disruptiva e emancipadora de *Silicon Valley*. Mas será que devemos acreditar nisso?

No princípio de 2021, a *Robinhood* viu-se no centro de uma polémica acentuadamente mediática ligada às acções das lojas de videojogos *Gamestop*. Em suma, o fundo de investimentos *Melvin Capital* tinha investido uma larga quantia em *shorting* da *Gamestop*, uma estratégia de investimento que faz com que ganhem o equivalente à descida de preço da acção em questão, apostando assim na crescente marginalização das lojas de retalho.

Como forma de protesto, uma comunidade de pequenos investidores aglomerados num fórum de *Reddit* onde se costumam discutir apostas de elevado risco, decidiu contrariar o investimento da *Melvin Capital* ao comprar o máximo de acções da empresa de jogos que conseguisse. Apostar contra o fundo foi uma forma de a comunidade sentir que estava a embarcar numa luta de David contra Golias, com uma série de personalidades a juntarem-se à causa, como o insuspeito Elon Musk, que acabou por ajudar à festa.

O fenómeno atingiu uma dimensão tal que a acção acabou por valorizar-se em 1700% e a *Melvin Capital* acabaria por registar num só dia perdas de mais de 2 mil milhões de dólares. A maioria das compras foi feita através da plataforma da *Robinhood*, que permitiu assim protagonizar uma aparente revolta popular que reivindicava a mensagem disruptiva da empresa. Esta narrativa apelativa, exacerbada pela discrepância entre o sucesso de Wall Street e a conjuntura económica menos promissora durante a pandemia, escondia no entanto uma outra realidade.

Quando olhamos mais atentamente para os dados destas transações, reparamos em algumas coincidências bizarras: apesar de em alguns dias do mês de Janeiro de 2021 se terem chegado a trocar mais acções da *Gamestop* por dia do que da *Amazon*, pode-se constatar que, contrariamente a outras acções que também foram mencionadas nos fóruns de *Reddit*, a *Gamestop* não esteve sequer no top 10 das acções mais transacionadas por investidores de retalho. Na realidade, tudo isto apenas serviu para os fundos de investimento se aproveitarem dos movimentos gerados pelo circo mediático.

A infeliz ironia é que o desejo de se opôr aos poderosos agentes da alta finança veio simplesmente trazer mais lucros aos grandes bancos e fundos de investimento. A gigante *BlackRock*, por exemplo, terá ganho 2.4 mil milhões de dólares com a *Gamestop*[173]. É verdade que a *Melvin Capital* acabou por perder mais de 50% do seu valor, mas isso só serviu para que outros fundos conseguissem comprar uma parte dos futuros lucros do fundo a um preço baixo em troca de um investimento de resgate[174].

A vantagem de Wall Street sobre investidores de retalho é estrutural. Equipados com algoritmos de alta frequência[175]

---

173 «BlackRock may have raked in $2.4 billion on GameStop's retail-driven stock frenzy», *Reuters*, 27 de Janeiro de 2021.

174 «Citadel, Point72 to Invest $2.75 Billion Into Melvin Capital Management», *Wall Street Journal*, 25 de Janeiro de 2021.

175 Note-se que o fenómeno de *High-Frequency Trading* (HFT), onde algoritmos computacionais cada vez mais complexos emitem largas

e dados privilegiados sobre o mercado (já para não falar de outros métodos como as *dark pools*, praças paralelas que escapam ao escrutínio dos supervisores), estes grandes centros de investimento vão sempre ganhar às milhares de pessoas que publicam as suas posições e planos num fórum de mensagens público.

Como foi mencionado acima, a *Robinhood* não cobra dinheiro aos utilizadores pelos serviços que presta. No entanto, não deixa de ter fins lucrativos, o que nos leva a perguntar qual é então o modelo de negócio da empresa. Importa aqui relembrar o *cliché* aplicado a toda uma série de negócios digitais: «Se não está a pagar o produto, é porque você é o produto».

Uma das principais fontes de rendimento da empresa é o que se chama um «*Payment for Order Flow*» (PFOF), na qual um corretor vende as suas ordens de compra a criadores de mercado («*Market Makers*»), responsáveis por juntar ordens de venda e de compra para executá-las. O que acontece neste caso é que a *Robinhood* vende as ordens de compra dos seus utilizadores à *Citadel Securities* (uma criadora de mercado que executa hoje em dia quase um quarto de todas as opções sobre acções). A *Citadel* pode assim agregar os dados da *Robinhood* e tomar partido dos seus sofisticados algoritmos de *high-frequency trading* para se antecipar às transacções da *Robinhood* com compras e vendas próprias. Curiosamente, foi também a *Citadel* que investiu 2,75 mil milhões de dólares para salvar a *Melvin Capital.*

Esta prática, originada nos anos 80 pelo célebre Bernie Madoff, foi sempre alvo de muita controvérsia, e não faltaram movimentos para tentar bani-la. Por outro lado, em Dezembro de 2020, a *Securities and Exchange Commission* (SEC) multou a *Robinhood* em 65 milhões de dólares por não divulgar este modelo e também por violar o dever de «execução optimal», ao enganar os clientes com preços

---

ordens de compra e venda no espaço de micro-segundos, representam hoje em dia mais de metade do volume total de transacções no mercado.

de *trading* inferiores. Não obstante, as transacções hiperativas na plataforma, durante o primeiro trimestre de 2021, geraram 331 milhões de dólares em PFOF.

Tudo isto, para além do mais, acontece numa plataforma extremamente *gamificada* na qual investir mais parece um simples jogo de telemóvel. Aliás, no mesmo mês, uma entidade reguladora em Massachusetts processou a *Robinhood*, citando as «táticas agressivas para atrair investidores inexperientes» e o uso de «estratégias de *gamificação* para manipular utilizadores».

Muitos estudos apontam para uma correlação entre bolhas especulativas e períodos de desigualdade económica. Num contexto de pandemia que fechou milhões de pessoas em casa, foi especialmente fácil o crescimento destas plataformas aliciantes, que só serviram para promover um mercado bolsista onde não existe nenhuma relação entre o valor da empresa e a sua capitalização.

Certo é que continuam as dúvidas sobres estas plataformas, e não é só Warren Buffet que as coloca. A 10 de Maio de 2021, Sheelah Kolhatkar colocava no *The New Yorker*[176] algumas questões que fazem a síntese:

> *Ao eliminar as barreiras para investir em mercados financeiros, estará a aplicação a democratizar as finanças ou a promover comportamentos de risco? A aplicação oferece aos novos investidores uma forma fácil de comprar e vender ações. Os seus fundadores dizem que poderia ajudar a reduzir as desigualdades, mas os críticos temem que vá simplesmente reforçar o fosso entre riquezas.*

Não será esta «democratização dos mercados» nada mais que a criação de um acesso fácil à lotaria financeira para aqueles que se sintam atraídos a ganhar uns trocos em especulações de bolsa? Se assim for, a solução para limitar o poder dos grandes agentes financeiros não passa, antes de mais, por investimentos que ajudem directamente essas

---

176 «Robinhood's Big Gamble», *The New Yorker*, 10 de Maio de 2021.

mesmas pessoas e por regulações nos mercados que os tornem menos susceptíveis a riscos sistémicos e a abusos?

Nos últimos quatro anos, os Estados Unidos têm caminhado infelizmente no sentido contrário, com a entrega de cargos regulatórios da maior importância a pessoas contrárias à regulação.

A administração Trump insistiu nessa via, acabando, por exemplo, com o grupo da *Financial Stability Oversight Council*, criada durante a era-Obama, que examinava o risco que os fundos de investimento poderiam causar ao sistema financeiro[177]

Mais tarde, Trump nomeou um antigo executivo da plataforma de criptomoedas Coinbase para liderar um dos mais importantes reguladores da banca, o *Office of the Comptroller of the Currency* (OCC), que procedeu a desregular as criptomoedas nos bancos[178]. Trump também nomeou o advogado Jay Clayton, que já tinha defendido muitos clientes de Wall Street, para liderar o *Securities and Exchange Commission* (SEC) que é responsável por supervisionar o mercado financeiro.

Poderá a nova sociedade que se quer construir conviver com esses riscos ou haverá que garantir a solidez dos valores que a cercam e que asseguram melhores vidas, afastando as hipóteses meramente especulativas e assegurando uma adequada punição para as práticas irregulares?

5. RUMO A UM MUNDO DIGITALIZADO

A União Europeia vem-se empenhando crescentemente num processo de digitalização, a que atribuiu uma maior importância com o aparecimento da covid-19 e a definição

---

[177] «Mnuchin shows no interest in continuing FSOC's hedge fund inquiry», *American Banker*, 22 de Setembro de 2017.

[178] «Brian Brooks, Crypto-Friendly Bank Regulator, Expected to Step Down This Week: Report», *Yahoo Finance*, 12 de Janeiro de 2021.

de projectos concretos para auxiliar o combate à pandemia. O empenho da União começou a fazer-se sentir em 2015 com a iniciativa para o mercado interno digital, mas foi-se reforçando significativamente como é visível na ambição das *orientações globais para a digitalização* que apresentam metas até 2030 e com o programa de combate à covid-19.

Resultado desse empenho é a aplicação de uma quota obrigatória de 30% para aplicar em projetos de digitalização na utilização dos fundos europeus. Como se escreve no Plano de Recuperação apresentado por Portugal a Bruxelas, «na era da quarta revolução industrial, caracterizada pela preponderância da digitalização da sociedade e da economia, a transição digital assume inegável importância enquanto um dos instrumentos essenciais da estratégia de desenvolvimento do país — opção que está em linha com as prioridades refletidas no Plano de Ação Europeu para a Educação Digital para os próximos anos, designados pela Comissão Europeia, como a "década digital"».

De acordo com os valores para 2019, sempre segundo a mesma fonte, em Portugal subsistem níveis de adopção de tecnologias digitais aquém da média da UE. É o caso do comércio electrónico onde a percentagem de empresas com vendas por esta via em Portugal é de 17%, quando na UE é de 20%; da percentagem de pessoas com competências digitais gerais (básicas ou acima de básicas), onde Portugal regista 52% face a 56% da UE; ou ainda no que respeita à interacção com os serviços públicos, onde a média nacional é de 41%, ou seja, 12 p.p. abaixo do valor europeu.

Este atraso português em relação aos outros países no processo de transição digital na Administração Pública e nas empresas tornou-se evidente com a pandemia. O défice de competências digitais constitui assim um obstáculo importante para Portugal.

A pandemia demonstrou a necessidade de se dispor de estruturas e redes digitais eficazes que permitam desmaterializar as aprendizagens, as transacções e os processos e, quando adequado, possibilitar o trabalho remoto, acelerando, de forma inclusiva, a transformação digital que estava em curso. Trata-se de um processo que permitirá importantes ganhos estruturais de eficiência, nomeadamente em termos de custos de contexto para as empresas e pessoas.

O potencial da transição digital permitirá preparar e adaptar as competências dos portugueses às novas necessidades de empoderamento enquanto cidadãos, para participação num mercado de trabalho marcado por novos processos produtivos, novos modos de organização empresarial e novos produtos e serviços, decorrentes da crescente digitalização da actividade económica.

Em simultâneo, a melhoria da qualidade das finanças públicas, reforçando a resiliência institucional e a redução dos custos de contexto, com enfoque na justiça económica e na promoção da simplificação administrativa e legislativa, garantirá uma administração pública mais próxima, mais eficiente e mais transparente para cidadãos e empresas. Estas acções serão potenciadas, ainda, pela maior capacitação, por via da crescente digitalização e inovação dos seus processos e procedimentos.

Para assegurar que Portugal acelera a transição para uma sociedade mais digitalizada, as opções nacionais, no âmbito do Plano, assentam em cinco componentes: capacitação e inclusão digital das pessoas através da educação e formação em competências digitais e promoção da literacia digital, transformação digital do sector empresarial e digitalização do Estado, esta última mobilizada como alavanca de:

i) uma melhor qualidade e sustentabilidade das finanças públicas;
ii) um ambiente de negócios mais competitivo e indutor do investimento e
iii) uma Administração Pública mais próxima dos cidadãos e empresas, mais ágil e mais eficiente.

Com a sua extraordinária capacidade de análise, João Cravinho[179] sublinha também que

> *a aceleração da Revolução Pós-Industrial levará a alterações muito significativas do objecto e configuração da globalização e da localização e natureza do investimento directo estrangeiro (IDE). Por um lado, as mudanças serão marcadamente incentivadas por extraordinários avanços da capacidade de operação remota eficiente e a menor custo de máquinas e sistemas produtivos complexos, e pela prestação remota generalizada, mas também eficiente e a menor custo, de trabalho altamente qualificado como, a título de exemplo, o trabalho em Investigação e Desenvolvimento e a participação remota em equipas multinacionais de excelência dedicadas à produção de software avançado e suas aplicações. Por outro, desenvolver-se-á à escala global um mercado de trabalho remoto integrado por milhões de trabalhadores em competição directa por contratos menos exigentes, mas ainda assentes na boa qualificação profissional comprovada internacionalmente.*
>
> *A tudo isto acrescerá a alteração dos padrões de localização e natureza do objecto do IDE. O offshoring na base de baixos salários de trabalhadores pouco qualificados e de baixa produtividade reduzir-se-á e ficará remetido a países pobres e francamente subdesenvolvidos. Em contrapartida, subirá acentuadamente o IDE de elevado valor acrescentado em busca de localizações abundantes em trabalhadores de muito boa qualificação e produtividade, a custo total menor que em localizações alternativas. O IDE funcionará frequentemente em estreita complementaridade com actividades nos países de origem desenvolvidas com o recurso a novas capacidades de automação e à excelência do trabalho remoto à escala global. O que significa que o melhor IDE também tirará partido de novas capacidades de automação e da excelência do trabalho remoto. Neste contexto, a nossa estratégia de planeamento tem de visar a alta qualidade das pessoas, das instituições públicas e privadas e da infraestruturação territorial. Penso que em Portugal a formação rigorosamente selec-*

---

[179] In «Prefácio» a Felisberto Marques Reigado, *Portugal. Estratégia de Desenvolvimento para os Próximos 35 anos*. Lisboa: Colibri, 2020.

tiva de especialistas de excelência seria um claro sucesso a que não faltaria forte procura à escala global. Tenho fundada esperança num número crescente de instituições públicas e privadas a caminho da excelência internacional. Continuo afincadamente convicto de que Portugal poderá ser importante mais-valia territorial continental na frente atlântica europeia em intensa ligação com a economia global. Em domínios seleccionados desta natureza, a nossa ambição tem de ser o alcance da excelência no horizonte de uma nova geração. A excelência selectiva não é miragem.

A contribuição de João Cravinho, um político a quem o país tanto deve, tem-se traduzido em múltiplas intervenções, a mais recente das quais *Portugal e a Nova Estratégia Digital Europeia 2030*. «Algumas Estruturas Adversas à Digitalização Acelerada» — palestra inédita dada na Faculdade de Economia de Coimbra, em 9 de Abril de 2021, constitui uma contribuição de importância decisiva para analisar a evolução desta problemática.

Podemos considerar que a Presidência Portuguesa e o Plano de Recuperação e Resiliência entregue em Bruxelas se prestam bem ao aproveitamento dos aspectos mais positivos da politização, mas não nos podemos esquecer de problemas que subsistem nessa área e que não podem ser ignorados.

É praticamente impossível sobrestimar o impacto das inovações digitais na maneira como nos organizamos enquanto sociedade. Os últimos anos têm registado uma sucessão de novas tecnologias a uma velocidade alucinante que têm vindo a alterar profundamente a forma como nos relacionamos com o mundo.

Ora, se até há pouco tempo, estes avanços eram vistos como fundamentalmente positivos pela vasta maioria das pessoas, hoje a opinião é mais dividida.

Se pensarmos por exemplo na Internet, a visão partilhada nos finais do século XX era de um optimismo desmesurado. O novo modelo de comunicação «muitos-para-muitos» (ao contrário dos modelos «um-para-muitos» da televisão e da rádio) prometia a emergência de uma verdadeira «Aldeia Global» — termo usado pelo pioneiro dos estudos dos meios de comunicação Marshall McLuhan — em que todos estariam interligados, fomentando assim um debate verdadeiramente democrático através de uma participação e interacção horizontal que incluiria toda a gente.

Os mais optimistas projetavam um futuro verdadeiramente utópico. O antigo editor da revista de tecnologia *Wired* escreveu a meio dos anos 90 que a chegada da *World Wide Web* significava que a espécie humana estava à beira de se tornar «uma única unidade global não-hierárquica até 2015», e não era o único a pensar da mesma maneira.

Olhando com os olhos de hoje, tais previsões parecem absurdas e estão obviamente bem longe de terem sido concretizadas.

É verdade que a Internet permitiu o acesso a um volume de informação nunca antes imaginado e facilitou a criação de incontáveis comunidades. Teve também um papel importante numa série de movimentos de emancipação com um forte impacto global como as revoluções durante a Primavera Árabe em 2011.

Mas não podemos também ignorar a forma como esta interligação digital foi explorada para criar o maior programa de vigilância alguma vez concebido (revelado através de Edward Snowden em 2013) e a maneira como facilitou campanhas de desinformação que viriam a culminar nas eleições presidenciais americanas de 2016 e no referendo do Brexit.

A proliferação descontrolada de *fake news* levou a uma desconfiança generalizada da informação e a um «cinismo epistémico» que em muito contribuiu para uma forte polarização na sociedade e um enfraquecimento do debate público.

Os economistas Hunt Allcott e Matthew Gentzkow, que estudaram detalhadamente o fenómeno das *fake news*, calcularam que no período que antecedeu as eleições de 2016 nos Estados Unidos, houve 760 milhões de casos de utilizadores a ler mentiras orquestradas intencionalmente[180]. A forma como a Rússia também se aproveitou dessas estratégias para influenciar o resultado de eleições levou o Senado dos Estados Unidos a considerar a desinformação como uma arma geopolítica[181].

Nos dias que correm, um exemplo particularmente revelador dos níveis descontrolados de disseminação de informações falsas é o do movimento *QAnon*. Estima-se que uns não negligenciáveis 15% de americanos concordam com a alegação central do movimento que "o governo, os media e os mundos financeiros nos Estados Unidos são controlados por um grupo de pedófilos veneradores de Satanás que dirigem uma operação global de tráfico sexual infantil"[182].

Já em 2011, o jornalista Evgeny Morozov, na altura uma das poucas vozes cépticas do ciber-utopianismo tão em voga, alertava no seu livro *The Net Delusion* que se não fôssemos extremamente cuidadosos, o poder de disrupção dos novos *media* não traria democracia e liberdade, mas sim a cimentação de regimes autoritários. Passados dez anos, é difícil não concordar com ele.

Jen Schradie, no livro *The Revolution that Wasn't* publicado em 2019, partilha uma opinião parecida:

> *Muitas pessoas pensavam que a Internet ajudaria a democratizar o mundo. Mais pessoas e grupos teriam acesso à informação, e a capacidade de mobilização a partir do zero iria gradualmente minar as concentrações de poder — essa era a ideia, pelo menos. Mas a realidade tem sido bastante diferente: em vez de democratizar o mundo, a Internet desestabilizou-o, criando novas clivagens e reforçando ao mesmo tempo as estruturas de poder existentes.*

---

180 «Social Media and Fake News in the 2016 Election», *Journal of Economic Perspectives*, Vol. 31, No. 2, 2017.

181 «Report of the Select Committee on Intelligence United States Senate on Russian Active Measures Campaigns and Interference in the 2016 U.S. Election», 2019.

182 «Understanding QAnon's Connection to American Politics, Religion, and Media Consumption», 27 de Maio de 2021.

O que impressiona verdadeiramente é a forma como as plataformas que hoje em dia monopolizam o espaço digital foram cúmplices nesta metamorfose da Internet.

Ávidos de monetizar a quantidade cada vez maior de dados que conseguiam coleccionar, criaram um novo modelo de negócio que consiste em prever os comportamentos dos seus utilizadores para depois venderem essa informação a empresas que se querem publicitar. O objectivo passou então a ser o de maximizar o tempo que as pessoas passam nas plataformas, numa luta desenfreada entre elas pela nossa atenção. Esta «economia da atenção», segundo Tristan Harris, um antigo especialista em ética de *design* na *Google*, está a «moldar tudo na nossa vida contemporânea».

Estes incentivos, completamente desligados do interesse comum, fizeram-nos mergulhar num mundo *online* estruturado para priorizar não a verdade, nem o que mais interessa, mas aquilo que consiga gerir o maior número de partilhas e de interacções, o que muitas vezes equivale àquilo que nos põe mais irritados[183].

Hoje em dia, mais de 50% da população mundial participa activamente nas redes sociais, passando em média mais de três horas por dia nestas plataformas, o que representa quase 10% do tempo total de atenção global. Será pouco dizer que os gigantes da tecnologia conseguiram assim atingir o seu objectivo de capturar a atenção das pessoas[184].

As cinco maiores empresas de tecnologia cresceram de uma forma tão galopante que representam agora mais de 25% de toda a cotação da *S&P 500*. Pelo caminho, aperfeiçoaram produtos com um forte teor aditivo, recrutando as mentes mais inteligentes do mundo na optimização desse processo.

---

183 Soroush Vosoughi *et. al*, «The spread of true and false news online», *Science,* 9 de Março de 2018.

184 «Digital 2021: Global Overview Report», *DataReportal,* 27 de Janeiro de 2021.

Chamath Palihapitiya, antigo executivo sénior da *Facebook*, lamentou a sua participação na construção de ferramentas que corroem o tecido social, afirmando que «os ciclos de *feedback* de curto prazo que criámos estão a destruir a forma como a sociedade funciona».

Para lá dos óbvios riscos de adicção e de saúde mental, especialmente vincados nas gerações mais novas, esta concentração cada vez maior das nossas atividades nas plataformas digitais permite não só a previsão mas também a modificação dos nossos comportamentos para fins comerciais e políticos sem que nos demos conta disso[185]. A professora Shoshana Zuboff, num livro publicado em 2019, fala assim de uma nova «era do capitalismo de vigilância», que «reclama unilateralmente a experiência humana como matéria-prima livre para a transformação em dados comportamentais. Embora alguns destes dados sejam aplicados à melhoria do serviço, os restantes são declarados como um excedente de propriedade comportamental, usados para o fabrico de produtos de previsão que antecipam o que cada um fará agora e no futuro. Estes produtos de previsão são comercializados num novo tipo de mercado a que eu chamo mercados de futuros comportamentais. Os capitalistas de vigilância têm enriquecido imensamente com estas operações comerciais, pois muitas empresas estão dispostas a apostar no nosso comportamento futuro».

Zuboff explica detalhadamente a razão pela qual empresas como a *Google* e a *Facebook* conseguiram desenvolver os seus negócios sem travões durante tantos anos. Por um lado, um certo consenso de ideias neo-liberais nos Estados Unidos permitiu que «o mundo *online* não estivesse verdadeiramente vinculado a leis terrestrais», como o diz o antigo CEO da *Google* Eric Schmidt, acrescentando que a Internet «é o maior espaço não governado do mundo».

---

[185] Adam Kramer *et. al:* «Experimental evidence of massive-scale emotional contagion through social networks», *PNAS*, 17 de Junho de 2014.

Quando interrogado acerca de regulações governamentais, Schmidt respondeu que a tecnologia move-se tão depressa que os governos não deveriam tentar regulá-la.

Sergey Brin e Larry Page, os fundadores da *Google*, são ainda mais explícitos quanto ao seu desprezo por possíveis regulações: «Instituições antigas como a lei e tudo o mais não estão a acompanhar as mudanças que temos causado através da tecnologia. Quando nos tornámos uma empresa pública, as leis tinham 50 anos de idade. Uma lei não pode estar certa se tiver 50 anos de idade».

Por outro lado, estas empresas foram fortemente beneficiadas com a mudança de mentalidade abrupta que se seguiu aos eventos do 11 de Setembro. No início do século, assistia-se a um esforço crescente por parte da *Federal Trade Commission* para proteger a privacidade dos utilizadores. No entanto, como relata Peter Swire, Conselheiro Principal para a Privacidade na Administração Clinton e mais tarde membro do Grupo de Recomendações sobre Tecnologias de Comunicação e Inteligência durante a presidência de Obama, «com os ataques terroristas, tudo mudou. O novo foco mudou completamente para a segurança em vez da privacidade».

Esta conjunção de factores não só protegeu a *Google*, e eventualmente outras empresas parecidas, de intervenção política e de críticas, mas criou uma dinâmica simbiótica entre os interesses públicos e privados. Zuboff sumariza esta tendência em quatros vertentes diferentes:

1. a demonstração das capacidades únicas da *Google* como fonte de vantagem competitiva na política eleitoral;
2. uma deliberada indefinição dos interesses públicos e privados através de relações e actividades agressivas de *lobby*;
3. uma porta giratória de pessoal que migrou entre a *Google* e a administração Obama, unida por afinidades electivas durante os cruciais anos de crescimento da *Google* de 2009-2016;

4. a campanha intencional de influência da *Google* sobre o trabalho académico e sobre a conversa cultural em geral, tão vital para a formação de políticas, opinião pública e percepção política.

Num artigo com o título especialmente pertinente de «feudalismo digital», Mariana Mazzucato, uma das mais interessantes intelectuais públicas dos nossos dias, é clara na análise que faz e que transcrevemos[186]:

> *O capitalismo sempre se distinguiu pela criação de novos desejos e anseios. Mas com os algoritmos e o uso de* Big Data, *as empresas tecnológicas têm acelerado e invertido este processo. Em vez de se limitarem a criar novos bens e serviços em antecipação do que as pessoas possam querer, já sabem o que vamos querer e conseguem assim vender a nossa futura identidade. Pior, os processos algorítmicos utilizados perpetuam frequentemente preconceitos e podem ser manipulados para obter lucros ou vitórias políticas. Embora todos beneficiemos imensamente de serviços digitais como a pesquisa* Google, *não nos inscrevemos para ter o nosso comportamento catalogado, moldado e vendido.*
>
> *Para alterar esta situação, será necessário focarmo-nos directamente no modelo de negócio prevalente e especificamente na fonte das rendas económicas. Tal como os proprietários de terras no século XVII extraíram rendas de inflação dos preços da terra, e tal como barões bandidos lucraram com a escassez de petróleo, as empresas de plataformas actuais estão a extrair valor através da monopolização dos serviços de pesquisa e comércio electrónico.*

A verdade é que nos últimos anos a pressão para regular as acções destas mega-empresas tem vindo a crescer. Neste aspecto, a Europa foi pioneira e concretizou os primeiros passos neste sentido ao promulgar o Regulamento Geral sobre a Protecção de Dados (RGPD), tornando-se subsequentemente um modelo para uma série de outras

---

186 «Digital Feudalism», *Social Europe*, 9 de Outubro de 2019.

leis nacionais fora da União Europeia, incluindo o Chile, o Japão, o Brasil, a Coreia do Sul, a Argentina e o Quénia. Até em alguns estados dos Estados Unidos foram passadas legislações parecidas, como por exemplo o *California Consumer Privacy Act* (CCPA), adoptado em Junho de 2018 e em muito similar ao RGPD.

Ainda este ano, a *Google* anunciou também que iria acabar com *third-party cookies*[187], uma forma de recolha de dados que permitia seguir os utilizadores durante a sua navegação na *web*, criando assim um perfil personalizado que permitia depois mostrar anúncios direccionados específicos, ao gosto (e às ansiedades) de cada um.

No entanto, o trabalho não está acabado e ainda há muito que se pode fazer para limitar os danos que estas tecnologias têm causado.

Obviamente nem tudo é mau e as aplicações ligadas ao *Big Data* podem de facto ser utilizadas de forma a aumentar o nosso grau de autonomia, flexibilizar, simplificar e auxiliar processos e identificar uma série de padrões correlativos que permitam encontrar problemas e fazer melhores diagnósticos em todas as áreas da actividade humana.

Pensemos por exemplo no caso da educação. Por um lado, o ensino digital poderá facilitar o acesso à educação e à informação. Por outro lado, soluções de *Big Data* poderiam contribuir para um melhor acompanhamento dos alunos ao identificar estudantes em risco, assegurar que os estudantes estão a progredir de forma adequada e implementar sistemas mais eficazes de avaliação e apoio ao corpo docente. Finalmente, as potencialidades para os investigadores são, também, infinitas: para além de poderem beneficiar dos avanços tecnológicos no tratamento de bases de dados, poderão também ter acesso a partes destas bases de dados que poderiam contribuir para avanços consideráveis nas áreas das ciências sociais. Parece perfeito, mas restam muitas inquietações.

---

[187] «Google's cookie ban and FLoC, explained», *Wired*, 25 de Maio de 2021.

No seu livro *Weapons of Math Destruction*, publicado em 2017 no Reino-Unido e, infelizmente, ainda sem tradução portuguesa, Cathy O'Neill descreve o caso de Sarah Wysocki, professora do quinto ano numa zona pobre de Washington. Adrian Fenty, Presidente da Câmara, estava preocupado com a performançe escolar do distrito onde apenas um em cada dois alunos passava o nono ano e apenas 8% dos alunos do oitavo ano estavam acima da média nacional nas diferentes disciplinas onde eram testados. Fenty queria, pois, eliminar os piores professores tendo sub-contratado uma empresa para desenvolver um software de avaliação da sua performance, tendo depois despedido os 5% pior classificados pelo sistema (mais de 200 professores por ano). Wysocki foi uma das despedidas. Depois de dois anos numa escola pública, as suas avaliações eram francamente positivas: os pais agradeciam-lhe pela sua generosidade e disponibilidade para com os alunos, sendo inclusive considerada por vários como «a melhor professora que os filhos tiveram».

Estas duas informações parecem de certa forma contraditórias: os humanos elogiavam as suas valências enquanto os números demonstravam o seu aparente fracasso. A Câmara defendeu-se dizendo que os números não mentiam: eram mais claros e mais justos. No entanto, a redução do comportamento humano, da sua performance e do seu potencial a um simples número parece algo distópica, sobretudo quando se tem em consideração a complexidade das diferentes variáveis a ter em consideração tais como o *background* socio-económico dos alunos.

Quando Wysocki foi à procura de respostas, não as encontrou: ninguém a conseguia elucidar quanto a como teria sido efectuado o cálculo do score dela. No entanto, o algoritmo não foi alterado, continuando, pois a usar a mesma fórmula para despedir professores baseando-se, aparentemente, única e exclusivamente nos resultados dos alunos nos exames. Neste caso, como em tantos outros, a matemática é utilizada como forma de legitimar assunções que não estão provadas [resultados de exames serem um factor preditivo da *performance* dos professores].

Mais tarde, uma investigação do The New York Times demonstrou que vários professores teriam alterado os resultados dos testes dos seus alunos para garantir a sua segurança laboral e, possivelmente, obter um dos bónus oferecidos aos professores com os melhores resultados.

Já Sarah Wysocki nunca conseguiu ser reintegrada, já que o ónus da prova parece ser muito mais elevado para humanos do que para máquinas, mas não teve dificuldade em arranjar um emprego numa escola privada numa área rica onde as suas credenciais e recomendações tanto de pais, quanto de colegas do corpo lectivo e do corpo directivo foram reconhecidas pela administração escolar. O resultado foi uma escola pública perder uma professora competente e uma escola privada aproveitar essa oportunidade.

A desumanização de processos como os de admissão no ensino superior é um fenómeno extremamente complexo que não pode ser analisado com leviandade. É muitíssimo importante que os legisladores estejam atentos aos desenvolvimentos nesta área, actuando de forma proactiva, explorando os potenciais benefícios que estas tecnologias poderão trazer, mas, também, preparando-se e antecipando os potenciais riscos da era digital, tendo em conta a linha extremamente fina entre perigos e vantagens da aplicação de algoritmos em áreas do domínio público. Basta, por exemplo, pensar no quão estreita é a linha entre personalização da aprendizagem e automatização da educação.

Já em 1954, Jacques Ellul avisava-nos: «o desenvolvimento das máquinas fará com que os cérebros humanos tenham de se conformar ao estado avançado do cérebro das máquinas e a educação deixará de ser uma aventura imprevisível e emocionante na iluminação humana, mas um exercício de conformidade e aprendizagem de qualquer engenhoca útil num mundo técnico.»[188] O aviso foi feito há mais de 60 anos e, no

---

[188] Uma edição póstuma de *The Technological Society*, edição inglesa. Vintage Books, 1964.

entanto, parece mais importante do que nunca. Muitos dos progressos feitos no domínio da «personalização» da aprendizagem sob a desculpa de preparar estudantes para o seu papel na sociedade são extremamente preocupantes de um ponto de vista de formação cidadã dos alunos.

Convém perceber que estamos a falar de sistemas que essencialmente codificam o passado e que, se aplicados de forma ingénua, contribuem para a sua reprodução. E, se é certo que temos testemunhado avanços consideráveis nos sistemas de ensino superior à volta do globo, parece relativamente consensual afirmar que estamos longe de ter alcançado um estado de perfeição que desejamos perpetuar. A forma como os algoritmos têm sido desenhados ignora muitas vezes este risco, contribuindo, então, para a consolidação de processos discriminatórios.

Em muitas partes do mundo, estes modelos matemáticos de previsão já estão a ser utilizados para a obtenção de seguros e créditos, por empresas e universidades no processo de recrutamento, pela polícia para tentar prever crimes no futuro e por tribunais que os usam para calcular a pena adequada ou a probabilidade de reincidência de um arguido. Em todas estas situações, há um fortíssimo risco de exacerbarem ciclos de opressão.

No caso dos modelos de reincidência, por exemplo, um arguido que seja considerado pelo modelo como sendo de «alto risco» é susceptível de estar desempregado e de vir de um bairro onde muitos dos seus amigos e família tiveram problemas com a lei. Graças em parte à alta pontuação resultante da avaliação, ele recebe uma pena mais longa, prendendo-o assim por mais anos numa prisão onde está rodeado por colegas criminosos — o que aumenta a probabilidade de regressar à prisão. Ele é finalmente libertado no mesmo bairro pobre, desta vez com um registo criminal, o que torna muito mais difícil encontrar um emprego. Se ele cometer outro crime, o modelo de reincidência pode reivindicar outro sucesso. Mas na realidade o próprio modelo contribui para um ciclo tóxico e ajuda a sustentá-lo.

Atenta aos perigos destas tecnologias, a União Europeia lançou no dia 21 de Abril de 2021, um pacote de legislação sobre Inteligência Artificial, representando assim um marco na regulação do sector a nível mundial[189]. Espera-se, como aconteceu com o RGPD, que esta proposta seja o primeiro passo de uma movimentação global no sentido de promover um uso da Inteligência Artificial que reconheça os perigos inerentes a estas tecnologias se usadas para certos propósitos, vendo-as assim como um meio e não um fim, com um enorme potencial em áreas como a saúde, os transportes, a energia, a agricultura, o turismo ou a cibersegurança.

Numa outra nota, é importante relembrar que à medida que as nossas atividades se concentram cada vez mais na esfera digital, e que os produtos e infraestruturas dos quais dependemos se aglomeram na «Internet das Coisas», os perigos associados à vulnerabilidade das redes computacionais aumentam.

No dia 7 de Maio de 2021, um ciber-ataque levou a empresa americana *Colonial Pipeline* a encerrar um cano que se estende do Texas a Nova Jérsia e que fornece cerca de 45% da gasolina e diesel utilizados na Costa Leste[190]. Foi recentemente confirmado que a *DarkSide,* um gangue de *ransomware* baseado na Rússia, foi responsável pelo ataque. Em 2010, um programa de *malware* criado pelos Estados Unidos e por Israel conseguiu entrar numa instalação nuclear no Irão. Em 2015 e 2016, *hackers* russos causaram apagões de electricidade de larga escala na Ucrânia. Estes são apenas alguns exemplos de ataques que têm vindo a crescer ao longo dos últimos anos, e estima-se que não parem de aumentar em número e ambição. É assim essencial reforçar a atenção em formas preventivas de ciber-segurança para evitar possíveis catástrofes no futuro.

---

[189] «Proposta de Lei sobre Inteligência Artificial na UE é inédita e pioneira mas...», *Shifter,* 26 de Abril de 2021.

[190] «A cyber-attack exposes risks to America's energy infrastructure», *The Economist,* 13 de Maio de 2021.

Finalmente, não nos podemos esquecer de que a transição digital que tem vindo a acelerar com a pandemia está a ser implementada de forma desigual pelo mundo.

Em África, apenas 28% da população usa a Internet, um número que não permite que o continente possa usufruir das capacidades das tecnologias digitais para mitigar, por exemplo, alguns dos piores efeitos da pandemia.

A lenta difusão da tecnologia também torna difícil contornar obstáculos que atrasam um desenvolvimento sustentável. Muitas das grandes empresas tentam assim preencher essa lacuna numa autêntica corrida para fornecer a infra-estrutura digital necessária ao continente. No entanto, a história ensina-nos vezes sem conta que devemos estar atentos quanto a tentativas de aproveitamento abusivo de recursos africanos por empresas europeias e americanas.

Num artigo para a publicação *Finance & Development* do FMI, a Conselheira para África de António Guterres e antiga Ministra das Finanças de Cabo Verde, Cristina Duarte, defende que para gerar um crescimento transformador, a digitalização não pode ser deixada simplesmente à sociedade civil e ao sector privado[191]:

> *A fractura socio-económica em África alimenta a fractura digital, e vice-versa. A digitalização precisa de um esforço de larga escala impulsionado pelos decisores políticos para gerar uma verdadeira transformação estrutural.*
>
> *Em África, não é só a conectividade à Internet que falta. Faltam, antes de mais, outras necessidades básicas — incluindo electricidade, alfabetização, inclusão financeira e regulamentos. O resultado é que as pessoas são incapazes de utilizar as soluções digitais que estão disponíveis. Além disso, uma boa parte das populações africanas ainda luta com problemas que ameaçam a vida, tais como conflitos e insegurança alimentar, que tornam a sobrevivência diária no único objetivo. Milhões de africanos não estão apenas do lado errado da clivagem digital, estão do lado errado de muitas clivagens — faltando*

---

[191] «Africa Goes Digital», *Finance & Development*, Primavera de 2021.

saúde básica e necessidades públicas tais como electricidade, água potável e educação. A covid-19 exacerbou estes problemas porque os confinamentos e o distanciamento social tornaram muitos serviços públicos acessíveis apenas online. A terrível verdade é que estas centenas de milhões de pessoas foram deixadas para trás, e a menos que os decisores políticos africanos compreendam que o acesso às tecnologias digitais é um instrumento crítico para a inclusão socio-económica, o progresso ficará confinado às pessoas com serviços de electricidade e telecomunicações — isolando ainda mais a grande maioria sem esse acesso. A clivagem irá alargar-se.

6. TEREMOS SEMPRE PARIS?

Todos se lembrarão da bela cena do filme *Casablanca*, quando os protagonistas Humphrey Bogart e Ingrid Bergman estão em vias de se separar, ao que tudo indica para sempre, e Bogart, para confortar Bergman, lhe recorda *«we'll always have Paris»*, como símbolo dos tempos felizes que passaram na capital francesa antes da invasão nazi.

Felizmente, podemos pensar que o resultado do Tratado de Paris foi positivo no avanço da defesa contra as alterações climáticas e assim o recordaremos, apesar de todas as suas insuficiências, com fortes esperanças de que possa contribuir para um futuro mais sustentável para as gerações vindouras.

As transformações climáticas têm atingido o mundo ao longo das últimas décadas, sobretudo devido à aceleração do efeito cruzado da emissão de gases carbónicos e da destruição de florestas em zonas fundamentais para a difusão de oxigénio. O resultado tem sido um aquecimento global que se calcula em 1,2 % em relação ao mundo pré-industrial e uma subida das águas dos mares que põe em causa a subsistência de ilhas e territórios costeiros a curto prazo[192].

A agricultura intensiva, o modelo de produção industrial focado exclusivamente na distribuição de lucros, o con-

---

[192] «Global Temperatures Already 1.2°C Above Pre-Industrial Levels», *Bloomberg*, 20 de Dezembro de 2020.

sumismo excessivo e a massificação de meios de transporte altamente poluentes são apenas alguns dos factores que têm contribuído para a produção de «gases com efeito estufa».

O principal gás com efeito de estufa produzido pela actividade humana é o dióxido de carbono, proveniente da queima de combustíveis fósseis como o carvão, o petróleo e o gás natural. Ora, paralelamente ao aumento de emissões de gases com efeito de estufa, podemos, também, constatar o progresso da desflorestação a um ritmo galopante, com impactos tanto sobre o aquecimento climático quanto sobre uma perda preocupante de biodiversidade.

Um dos exemplos mais emblemáticos de transformações com efeitos extremamente nocivos para o futuro da Humanidade é o da floresta Amazónia, outrora considerada por muitos "o pulmão do planeta". Um estudo de 2021 publicado na revista científica *Frontiers in Forests and Global Change*[193], estima que, hoje em dia, a floresta já cria mais gases do que aqueles que absorve, uma consequência da desertificação, dos incêndios muitas vezes ateados com motivações comerciais, e da desflorestação que leva à emissão dos gases conservados nas árvores que são abatidas.

A conferência de Estocolmo, em 1972, marcou a primeira vez em que líderes mundiais se reuniram para discutir questões ligadas à degradação do ambiente. Apesar das importantes divergências entre países desenvolvidos e países em desenvolvimento, que impediram o estabelecimento de metas concretas, esta cimeira destaca-se por ser a primeira vez em que o direito internacional reconhece o direito a um ambiente de qualidade como sendo um direito humano.

Desde então, temos assistido a um esforço a nível internacional com intenções positivas, mas resultados francamente decepcionantes para todos aqueles que esperavam que o célebre relatório Brundtland apresentado em 1987

---

193 Covey *et. al:* «Carbon and Beyond: The Biogeochemistry of Climate in a Rapidly Changing Amazon», 11 de Março de 2021.

pudesse constituir um primeiro passo rumo a um modelo de desenvolvimento mais sustentável.

A cimeira do Rio-92, que visava discutir estas questões, foi um momento importante que produziu três documentos fundamentais: a Declaração do Rio sobre o meio ambiente e o desenvolvimento, a Declaração de Princípios sobre Florestas e, finalmente, a Agenda 21. Apesar de não estabelecer limites vinculativos, o primeiro destes documentos reveste-se de particular importância por ter lançado os alicerces sobre os quais cinco anos mais tarde se construiu o Tratado de Kyoto, no qual 92 nações se comprometeram a reduzir as suas emissões em 5.2% até 2012, o que representaria 29% das emissões mundiais totais[194].

Apesar de só entrar em vigor em 2005, Kyoto marca a primeira vez em que países se comprometem formalmente com metas específicas de redução de emissões de gases com efeito de estufa. Desde então, pudemos testemunhar várias cimeiras com vista a emendar Kyoto, sempre com resultados decepcionantes, sendo o mais notável dos fracassos a célebre cimeira de Rio+20, no rescaldo da qual o próprio Secretário-Geral das Nações Unidas, Ban Ki-Moon, declarou: "Deixem-me ser franco. Os nossos esforços não estiveram à altura do desafio".

Adoptado por cerca de 200 países a 12 de Dezembro de 2015, o Acordo de Paris entrou em vigor a 4 de Novembro de 2016 e tem constituído o grande quadro de referência para o combate às alterações climáticas, indo mais longe do que qualquer outro instrumento internacional, apesar de vários países não terem cumprido as suas obrigações e os Estados Unidos terem temporariamente abandonado o acordo sob a Presidência Trump.

A BBC publicou um guia muito útil sobre os objectivos fundamentais do Acordo que aqui se recordam no essencial[195]:

---

194 «What is the Kyoto Protocol?», *Earth.org*, 19 de Maio de 2020.

195 «What is the Paris climate agreement and why did the US rejoin?», *BBC*, 22 de Abril de 2021.

- manutenção das temperaturas globais suficientemente abaixo de um limite de 2 graus Celsius acima da era pré-industrial e "missão de limitá-las" a um aumento de 1.5ºC.
- limite da quantidade de emissões de gases estufa produzidos pela actividade humana aos mesmos níveis que podem ser absorvidos naturalmente pelas árvores, terrenos e oceanos, algures entre 2050 e 2100;
- revisão por cada país de cinco em cinco anos dos seus objectivos de redução de emissões;
- obrigação dos países ricos ajudarem os países mais pobres com «contribuições climáticas».

O Acordo peca por estabelecer a limitação num aumento de 2ºC como objectivo, em detrimento de 1.5ºC, que é apenas uma recomendação não vinculativa, mas que seria um objetivo essencial para impedir os Estados-ilhas de serem submersos nas águas, ajudar milhões de pessoas a evitar os impactos do tempo extremo e limitar as possibilidades de degelo durante o verão ártico.

Contrariamente ao que temos visto acontecer noutras áreas, a União Europeia tem desenvolvido uma estratégia activa em matéria de alterações climáticas sem que se verifiquem grandes cisões internas. A prova mais recente é a aprovação do acordo sobre a Lei Europeia do Clima, em que a Presidência portuguesa se empenhou especialmente.

O Ministro português do Ambiente, João Pedro Matos Fernandes[196], declarou-se muito satisfeito com o acordo provisório alcançado:

> *A Lei Europeia do Clima é a «lei das leis» que estabelece o quadro para a legislação da UE em matéria de clima para os próximos 30 anos. A UE está fortemente empenhada em alcançar a neutralidade climática até 2050 e podemos hoje orgulhar-nos de ter consagrado*

---

[196] Citado em «Alterações Climáticas: Medidas que a UE está a Tomar», Conselho da União Europeia, 5 de Maio de 2021.

um objetivo climático ambicioso que possa ser apoiado por todos. Com este acordo, estamos a enviar ao mundo uma mensagem forte — mesmo nas vésperas da Cimeira dos Líderes sobre o Clima de 22 de abril — e a abrir caminho para que a Comissão proponha, em junho, o seu pacote em matéria de clima «Preparados para os 55».

A Lei Europeia do Clima estabelece o objectivo de alcançar uma UE com impacto neutro no clima até 2050 e uma meta colectiva de redução líquida das emissões de gases com efeito de estufa (ou seja, as emissões após dedução das remoções) de, pelo menos, 55 % até 2030, em comparação com os valores de 1990.

A conclusão do Pacto Ecológico Europeu e o estabelecimento da sua necessária vinculatividade implicará a aprovação de mais de cinquenta directivas e regulamentos, que se espera estejam aprovadas até ao final de 2022, para assegurar a meta da redução líquida de 55% das emissões de gases com efeito de estufa até 2030 e da neutralidade carbónica em 2050.

É compreensível que o *Green Deal* levante um grande entusiasmo entre os dirigentes europeus: «É a corrida para ganhar o futuro» — como disse a presidente da Comissão Europeia, Ursula von der Leyen. «O Green Deal é algo — estou convencida — que devemos aos nossos filhos, porque não somos os donos deste planeta. Simplesmente temos a responsabilidade por um certo tempo e agora é hora de agir».[197] Nas palavras do *The Guardian*, que destacou o facto de von der Leyen se referir ao pacto como «o momento Homem na Lua Europeu», nunca nada semelhante fora tentado desde a Revolução Industrial.[198]

---

[197] Vd. José Alves, Francisco Lopes e Rui Pedro Paiva, «Green Deal: a corrida europeia para alcançar a neutralidade climática em 2050», *Público*, 15 de Março de 2021.

[198] Fiona Harvey e Jennifer Rankin, «What is the European Green Deal and will it really cost €1tn?», *The Guardian*, 9 de Março de 2020.

Mas o entusiasmo não vem só dos líderes políticos europeus, Jeffrey Sachs[199], por exemplo, escreveu:

> *A Europa conseguiu. O Green Deal anunciado pela Comissão Europeia é o primeiro plano abrangente para alcançar o desenvolvimento sustentável em qualquer grande região do mundo. Como tal, torna-se uma referência global — um guia de «como fazer» para planear a transformação para uma economia próspera, socialmente inclusiva e ambientalmente sustentável.*

Sachs antecipa, aliás, algumas críticas e avança respostas às mesmas:

> *Os críticos gozarão com a burocracia europeia. Mas isto é burocracia no melhor sentido weberiano: é racional. Os objectivos do desenvolvimento sustentável são definidos com clareza; as metas são baseadas em objectivos com limites temporais; e os processos e procedimentos são estabelecidos em linha com as metas. Os objectivos gerais são alcançar a «neutralidade climática» (emissões líquidas neutras de gases de efeito estufa) até 2050; uma economia circular que acaba com a poluição destrutiva causada por plásticos e outros produtos petroquímicos, pesticidas e outros resíduos e substâncias tóxicas; e um sistema alimentar «da quinta ao garfo» que não mata pessoas com uma dieta excessivamente processada, nem mata a terra com práticas agrícolas insustentáveis.*

Outro tipo de críticas vem de ambientalistas portugueses, ANP/WWF e Zero, que «não partilham do mesmo entusiasmo» e lamentam que não se tenha ido além dos 55% de reduçã». A Associação Natureza Portugal (ANP), por exemplo, salientou que o acordo alcançado «reflete a luta política e não a ciência, e a meta líquida de 55% de redução é um algo muito abaixo do indicado pela ciência e da posição do Parlamento Europeu»[200].

---

[199] «Europe's Green Deal», *Project Syndicate*, 13 de Dezembro de 2019.
[200] Vd. *Dinheiro Vivo/Lusa*, 21 de Abril de 2021.

Para além do clima, o Pacto Ecológico tem uma visão abrangente sobre o Ambiente, sendo perceptíveis preocupações com outras causas e consequências da degradação ambiental, incluindo o uso excessivo de plástico; o desaparecimento massivo dos insectos; e os incêndios florestais.

O Pacto Ecológico é também uma resposta política a uma verdadeira movimentação da opinião pública e, simultaneamente, uma estratégia económica e social. Económica, na medida em que procura uma economia mais sustentável, eficiente e competitiva, e social, porque é evidente a preocupação por uma transição justa «não deixando ninguém para trás».

Paradoxalmente, esta foi uma das únicas áreas económicas em que a covid-19, com os confinamentos associados, produziu alguns efeitos positivos, ao provocar uma redução das emissões de dióxido de carbono. Estes efeitos foram, no entanto, claramente insuficientes e temporários, como atesta o aumento de emissões derivado à retoma da actividade. As respostas têm, pois, de ser claramente estruturais e ambiciosas, porque mesmo que os investimentos necessários sejam vultuosos, as suas vantagens serão sempre superiores a uma solução em que a temperatura continue a subir, como nota Piers Forster, professor de física das alterações climáticas na Universidade de Leeds, num artigo publicado na BBC[201].

No mesmo artigo, Piers Forster nota, com o apoio em investigações suas e de diversos relatórios de instituições científicas, que o efeito da covid-19 foi imediato, tendo sido registada uma redução das emissões de carbono, em Maio de 2020, na ordem dos 20%.

Já no longo prazo, o efeito é ínfimo, prevendo-se que em 2030 será de apenas 0,015%. Torna-se, então necessário proceder a investimentos significativos, mas como comenta o autor: «Infelizmente, o investimento verde não está a ser

---

[201] «Covid-19 paused climate emissions — but they're rising again», 14 de Março de 2021.

feito a um nível bem aquém do necessário. No entanto, muitos mais investimentos serão feitos ao longo dos próximos meses. É essencial que uma forte acção climática seja integrada em futuros investimentos. Os riscos podem parecer elevados, mas as recompensas potenciais são muito mais elevadas».

No mesmo sentido, Mark Dwortzan, John Reilly, e outros cientistas do MIT, sustentam[202]: «As nossas projecções da actividade económica global com e sem a pandemia mostram apenas um pequeno impacto da covid-19 nas emissões em 2030 e nos anos seguintes». E acrescentam: «Embora os choques económicos induzidos pela pandemia tenham provavelmente pouco efeito directo nas emissões a longo prazo, podem muito bem ter um efeito indirecto significativo no nível de investimento que as nações estão dispostas a comprometer-se para cumprir ou ultrapassar as metas de emissões de Paris».

Para além de vultuoso, o investimento a efectuar nesta área do ambiente tem de seguir critérios estritos de equidade, uma vez que a pandemia demonstrou a enorme desigualdade social e a forma como os danos são exponencialmente maiores para aqueles que se encontram num estatuto socio-económico mais baixo[203].

Importa ter presente que ainda que a Organização Mundial de Saúde não consiga estabelecer uma ligação directa entre as mudanças climatéricas e a covid-19, conclui que quase todas as recentes pandemias tiveram origem na vida selvagem, sublinhando que o surgimento da doença pode ter sido em parte determinado por acção do Homem.

Como se sustenta num estudo da Plataforma Intergovernamental sobre Biodiversidade e Serviços Ecossistémicos (IPBES)[204]:

---

[202] «How will covid-19 ultimately impact climate change?», *MIT News*, 29 de Janeiro de 2021.

[203] Eva Rothenberg e Drew Kann, «'In the end, everything is about equity': How experts say the pandemic could invigorate climate change action», *CNN*, 15 de Abril de 2021.

[204] Josef Settele, Sandra Díaz, Eduardo Brondizio e Peter Daszak, «Covid-19 Stimulus Measures Must Save Lives, Protect Livelihoods, and

> *(...) doenças como a covid-19 são causadas por micro-organismos que infectam os nossos corpos — com mais de 70% de todas as doenças emergentes tendo tido origem na vida selvagem e em animais domésticos. As pandemias, no entanto, são causadas por actividades que trazem um número crescente de pessoas em contacto directo e muitas vezes entram em conflito com os animais que transportam estes agentes patogénicos. A desflorestação desenfreada, a expansão descontrolada da agricultura, a produção agrícola intensiva, a exploração mineira e o desenvolvimento de infra-estruturas, bem como a exploração de espécies selvagens, criaram uma "tempestade perfeita" para a propagação de doenças da vida selvagem às pessoas. Isto ocorre frequentemente em áreas onde vivem comunidades mais vulneráveis a doenças infecciosas.*

As economias mais desenvolvidas vêm manifestando preocupação sobre o tema, com o interregno da presidência Trump. Em 2007, George W. Bush formou um grupo designado «*Major Economies Meeting on Energy Security and Climate Change*», e após chegar à Casa Branca, o Presidente Obama mudou o nome do grupo para «*Major Economies Forum on Energy and Climate*». O novo grupo foi oficialmente lançado em Março de 2009 para "facilitar o diálogo aberto entre grandes economias desenvolvidas e por desenvolver e para ajudar a gerar a liderança política necessária para alcançar um resultado positivo nas negociações climáticas anuais da ONU".

Biden seguiu esse grupo que viria a servir de base a 17 economias responsáveis por aproximadamente 80% das emissões globais de efeito de estufa. O presidente americano usaria este grupo para o lançamento de um projecto ambicioso relatado num *briefing* de 23 Abril de 2021[205]:

Logo no primeiro dia, o Presidente Biden cumpriu os seus compromissos para voltar a aderir aos Acordos de

---

Safeguard Nature to Reduce the Risk of Future Pandemics», IPBES, 27 de Abril de 2020.

[205] «Fact Sheet: President Biden's Leaders Summit on Climate».

Paris. Dias depois, tomou medidas executivas para garantir que a crise climática fosse enfrentada a nível interno e externo, culminando numa cimeira histórica com 40 líderes mundiais para mostrar que a América está de volta.

Ao longo de dois dias e oito sessões, o Presidente Biden convocou Chefes de Estado, bem como líderes e representantes de organizações internacionais, empresas, e comunidades indígenas para reunir o mundo no combate à crise climática, demonstrar as oportunidades económicas do futuro e afirmar a necessidade de uma cooperação global sem precedentes.

No primeiro dia da cimeira, o Presidente Biden elevou a fasquia. Anunciou que os Estados Unidos irão visar a redução das emissões em 50 a 52% até 2030, em comparação com os níveis de 2005. Sublinhou o empenho dos Estados Unidos em liderar uma revolução energética limpa e em criar empregos sindicais bem remunerados — observando que os países que tomarem medidas decisivas agora irão colher os benefícios económicos no futuro.

Nos Estados Unidos, a Administração Biden-Harris mobilizou uma ambiciosa abordagem governamental para desencadear oportunidades económicas, criar bons empregos e fazer avançar a justiça ambiental. Do nível nacional ao local e através de todas as agências, o governo federal não só está a trabalhar para ajudar aqueles que são mais atingidos pelos impactos climáticos, mas também a criar um futuro mais resiliente, equitativo e próspero.

O número de medidas previstas no *fact sheet* divulgado pela Casa Branca é muito extenso. Entre elas figuram o lançamento de uma iniciativa climática global que visa apoiar os países em desenvolvimento no estabelecimento de estratégias *net-zero*, o estabelecimento de parâmetros de referência para investimentos climáticos no *International Development Finance Corporation* (DFC), comprometendo-se a alcançar um portfólio de investimentos *net-zero* até 2040, o lançamento da Iniciativa Global Verde que marca a primeira reunião internacional sobre a ecologização dos planos nacionais para operações governamentais sustentáveis e a emissão do primeiro Plano Internacional de Financiamento Climático dos Estados Unidos, que estabelece a forma como as agências federais e os departamentos responsáveis pelas financiamento internacional relacionado com o clima irão trabalhar em conjunto para fornecer esse financiamento da maneira mais eficiente possível.

No essencial pode dizer-se que o plano Biden, pelo menos na fase até 2030 foi recebido com apoio, enquanto que a transição posterior até 2050 com a supressão total do carvão levanta muito mais dúvidas.

Esta é, por exemplo, a perspectiva de Rebecca Leber[206]:

> *Embora todos eles tenham pressupostos ligeiramente diferentes, os peritos concordam que não temos de esperar por avanços tecnológicos para enfrentar três das partes mais poluentes da economia. Segundo o diretor do programa internacional Natural Resources Defense Council, "temos soluções prontamente disponíveis" para chegar ao objectivo de 2030.*
>
> *Há também o prémio muito maior a longo prazo: A neutralidade de carbono até 2050. Isso vai ser muito mais difícil porque o país precisa então de ver grandes avanços em sectores desafiantes para os quais ainda não existem soluções fáceis.*
>
> *Para reduzir a poluição a zero até meio do século, os Estados Unidos e o mundo terão de olhar para além da electricidade e carros limpos e, em vez disso, para outras grandes fontes de poluição de gases com efeito de estufa. Estas incluem a indústria pesada, a agricultura, as estratégias de uso do solo e o transporte marítimo internacional que são responsáveis por uma grande parte da poluição global de carbono e metano.*
>
> *Mas o mundo não pode esperar mais algumas décadas para começar a pensar nestes sectores mais difíceis de descarbonizar.*

---

[206] «How Biden could actually deliver on his climate goals», *Vox*, 30 de Abril de 2021.

Mas o Plano Biden sofreu também, como era inevitável, críticas à esquerda[207]:

> *Mais de 600 grupos enviaram uma carta ao Congresso na quarta-feira alertando que um Clean Energy Standard (CES) iria promover «falsas soluções climáticas» como as centrais de gás natural, nucleares e de biomassa, bem como os esforços para manter as centrais poluentes abertas através da captura de carbono. Em vez disso, os dissidentes apelaram a uma norma de electricidade renovável mais rigorosa limitada à energia eólica, solar e geotérmica, não só para acelerar o prazo para uma rede de emissões zero de 2035 para 2030, mas para evitar a perpetuação das profundas injustiças raciais, sociais e ecológicas do nosso actual sistema energético alimentado por combustíveis fósseis.*

Para além de todos os problemas que o aquecimento global coloca às pessoas no plano económico, não podemos esquecer aqueles que sensivelmente assinala Luísa Schmidt[208]: «Esse mal-estar estende-se facilmente a emoções mais profundas e perturbadoras: uma paisagem devastada de onde desapareceram as plantas, as árvores e os animais familiares; um litoral arruinado, sem aquela nossa praia de sempre, e cuja nova figura não tem qualquer registo nas memórias individuais. Esta sensação de perda das paisagens chega a criar uma figura de nostalgia que já tem nome: 'solastalgia'»

7. RESPONSABILIZAÇÃO

Volvido quase ano e meio sobre a erupção das primeiras manifestações da doença covid-19, que levou à existên-

---

[207] Michael Grunwald, «The green schism threatening Biden's climate plan», *Politico*, 13 de Maio de 2021.

[208] «As alterações Climatéricas e as Pessoas»; disponível em https://fronteirasxxi.pt/pessoasclima/.

cia documentada de 3.396.048 mortos, para além de um número de infectados que chega aos 163.856.999, continuam a subsistir muitas dúvidas sobre a sua origem e incertezas quanto ao futuro[209].

Vimos já que a impreparação dos serviços médicos nacionais, a insuficiência de recursos públicos e o agravamento das desigualdades, a que se assistiu nas últimas décadas, desempenharam um papel decisivo ao longo destes meses.

A inexistência de certezas quanto à origem da doença e à forma como se disseminou é geradora de insegurança, tornando-se insuportável, face ao tempo decorrido e aos potenciais riscos associados ao desconhecimento de factos e circunstâncias que podem ser decisivos na definição de políticas de erradicação da doença ou de prevenção de novos surtos pandémicos. O *Wall Street Journal*, no seu Editorial de 1 de Maio de 2021, insistia na necessidade de ser levada a cabo uma nova e mais completa investigação, uma vez que a última, tendendo embora a apontar para os mercados de animais vivos chineses, não foi totalmente conclusiva.

Seria grosseiramente injusto pretender responsabilizar os decisores políticos e os responsáveis pela saúde pública por cada erro na gestão da pandemia, sabendo que agiram sempre em ambiente de profunda incerteza. Parece, porém, claro que alguns chefes de Estado e de Governo ao persistirem na negação de verdades unanimemente perfilhadas pela comunidade científica e pela OMS e partilhadas pela generalidade dos dirigentes políticos, à escala internacional, aumentaram exponencialmente os riscos que impendiam sobre os seus povos, ampliando o cortejo de infetados e, sobretudo, de mortos.

Em algumas situações, o grau de descaso em relação ao sofrimento que os rodeava foi tão ostensivo que gerou movimentos sociais e políticos visando a sua responsabilização. Neste momento, o Brasil é o país que está mais avançado neste processo, com o início dos trabalhos da

---

[209] Números registados no dia 15 de Maio de 2021.

Comissão Parlamentar de Inquérito à gestão da Pandemia, no âmbito da qual se avaliará a adequação do modo como o Presidente Jair Bolsonaro lidou com a crise.

Deisy Ventura, investigadora da Universidade de São Paulo (USP), que se tem dedicado ao acompanhamento desta matéria, rejeita a interpretação de que a progressão brutal da pandemia se tenha devido à impreparação ou até a loucura, afirmando que «o Governo foi extremamente eficiente na sua estratégia da propagação do vírus» e defendendo que o que se passou no Brasil foi «a experiência mais radical de neoliberalismo no mundo, que é deixar a doença seguir o seu curso natural, tendo os meios para responder, sem nenhuma regulação»[210].

De facto, o Brasil ocupava uma posição muito razoável nos *rankings* de saúde mundiais (22.º), figurando em primeiro lugar na América do Sul, o que lhe teria permitido um combate equilibrado à pandemia. Não foi essa a opção do presidente — que entrou em conflito com sucessivos ministros da saúde empenhados numa acção mais enérgica — e do governo, que recusaram qualquer forma de confinamento, o uso obrigatório de máscaras e fizeram a apologia do tratamento com recurso a um medicamento — a hidroxicloroquina — usada no tratamento da malária, mas sem evidência científica de produção de efeitos sobre a covid-19.

A estratégia global do presidente brasileiro consistiu em suportar e assumir publicamente posições negacionistas, desvalorizando os riscos da doença e divulgando informações erradas, com total desconsideração dos dados científicos e da informação divulgada pelas agências internacionais com responsabilidades em matéria de saúde e longa experiência na gestão de surtos infecciosos.

O jornal *Folha de São Paulo* fez um excelente levantamento das inúmeras declarações do Presidente Bolsonaro a

---

210 «Bolsonaro Está a Sujeitar os Brasileiros a Uma "Experiência Radical" Durante a Pandemia», *Folha de São Paulo*, 1 de Maio de 2021

esse respeito, cuja leitura se torna verdadeiramente penosa — pelo défice de humanidade e pela manifesta desconsideração da saúde e vida dos seus concidadãos — mas que citamos sumariamente, remetendo para a magnífica colectânea de Daniela Arcanjo[211].

De um denso conjunto de afirmações verdadeiramente chocantes, cuja publicação deveria ser assinalada com o aviso *proibida a leitura a menores,* aqui fica uma síntese de reflexões cuja motivação parece situar-se entre a loucura e o crime:

> ***Evolução das mortes por covid-19 no Brasil:*** *«Muito do que tem ali é muito mais fantasia, a questão do coronavírus, que não é isso tudo que a grande mídia propaga.»*
>
> ***Durante evento em hotel no centro de Miami:*** *«Toma quem quiser, quem não quiser, não toma. Quem é de direita toma cloroquina. Quem é de esquerda toma Tubaína.»*
>
> ***Quando o Brasil registou, pela primeira vez, mais de mil mortos (1.179) em 24h:*** *«Eu não sou médico, não sou infectologista. O que eu ouvi até o momento [é que] outras gripes mataram mais do que esta.»*
>
> ***Durante uma entrevista em frente ao Palácio da Alvorada:*** *«A gente lamenta todos os mortos, mas é o destino de todo mundo.»*
>
> ***Em pronunciamento na televisão e na rádio:*** *«Não podemos ter aquele pavor lá de trás, que chegou junto à população e houve, no meu entender, um excesso de preocupação apenas com uma questão [saúde] e não podia despreocupar com a outra [economia].»*
>
> ***Quando o Brasil passou a marca de 55 mil mortes por covid-19:*** *«Mas não é isso tudo que dizem.»*
>
> ***Durante outra entrevista em frente ao Palácio da Alvorada:*** *«Não dá para querer jogar nas minhas costas uma possível disseminação do vírus.»*
>
> ***Entrevista à Rádio Bandeirantes:*** *«Medidas exageradas, ao meu ver, ou não, levaram um certo pânico à sociedade no tocante*

---

[211] «Relembre o que Bolsonaro já disse sobre a Pandemia, de Gripezinha e País de Maricas a Frescura e Mimimi», 1 de Maio de 2021.

ao vírus. Todo mundo sabia que mais cedo ou mais tarde o vírus ia atingir uma parte considerável da população.»

Ao anunciar diagnóstico positivo para o coronavírus*: «Eu acho que não vai chegar a esse ponto [do número de casos confirmados nos EUA]. Até porque o brasileiro tem que ser estudado. Ele não pega nada. Você vê o cara pulando em esgoto ali. Ele sai, mergulha e não acontece nada com ele.»*

Entrevista em frente ao Palácio da Alvorada: *«Parece que está começando a ir embora essa questão do vírus, mas está chegando e batendo forte a questão do desemprego.»*

Videoconferência com líderes religiosos em comemoração à Páscoa: *«Eu não sou coveiro.»*

Questionado pela Folha de S. Paulo a respeito do número de mortes-300 mil: *«E daí? Lamento. Quer que eu faça o quê? Eu sou Messias, mas não faço milagre.»*

Questionado sobre novo recorde de mortes: *«Nós temos que enfrentar os nossos problemas, chega de frescura e de mimimi. Vão ficar chorando até quando? Temos de enfrentar os problemas. Respeitar, obviamente, os mais idosos, aqueles que têm doenças, comorbidades, mas onde vai parar o Brasil se nós pararmos?»*

«Tem idiota que a gente vê nas mídias sociais, na imprensa, né?... Vai comprar vacina. Só se for na casa da sua mãe.»: «Vocês não pararam durante a pandemia. Vocês não entraram na conversinha mole de 'fica em casa'. Isso é para os fracos.»

«Tudo agora é pandemia. Tem que acabar com esse negócio. Lamento os mortos, todos nós vamos morrer um dia. Não adianta fugir disso, fugir da realidade, tem que deixar de ser um país de maricas.»

«Estamos fazendo e vamos fazer de 2021 o ano da vacinação dos brasileiros. Somos incansáveis na luta contra o coronavírus.»

«Estamos vivendo um finalzinho de pandemia. Nosso governo, levando em conta outros países do mundo, foi o que melhor se saiu no tocante à economia. Prestamos todos apoios possíveis a Estados e Municípios.»

«Tínhamos e temos dois inimigos, o vírus e o desemprego. É uma realidade. Não é ficando em casa que vamos solucionar este problema.»

«Isso é um abuso o que está acontecendo. Uma forma de blindar a Covid é a vitamina D. Então, você pega sol. E ficam dando ordem, igual a esse do governador de São Paulo, que não têm como ser cumprida.»

«Fui acometido de Covid. Procurei não me apavorar. Tomei um medicamento que todo mundo sabe qual foi e no outro dia estava bom.»

Após o Brasil registrar 4 mil mortes num dia: *«Começam a aparecer os efeitos colaterais das máscaras". "Eu tenho minha opinião sobre as máscaras, cada um tem a sua, mas a gente aguarda um estudo sobre isso feito por pessoas competentes.»*

«Eu tenho o poder de, numa canetada, fazer um lockdown no Brasil todo, mas isso não será feito.»

O Presidente Jair Bolsonaro não esteve sozinho nessa verdadeira cruzada. O seu percurso foi praticamente igual ao do Presidente dos Estados Unidos, Donald Trump, que revelou a mesma dose de impiedade, o mesmo desprezo pelas pessoas, a mesma indiferença, opondo-se do mesmo modo à vacinação e às medidas de confinamento e pressionando governadores e congressistas republicanos para o apoiarem nesse caminho.

Derrotado nas urnas, apesar de todas as tentativas de anular os resultados, Trump persiste nessa autêntica cruzada *covidiana* sendo, no entanto, mais improvável que venha a ser responsabilizado, já que o Presidente eleito, Joe Biden, vem conduzindo uma política que passa por evitar litígios não essenciais e por conseguir levar o máximo de pessoas à vacinação, o que provavelmente conseguirá mais facilmente num ambiente de conflito mínimo.

Ainda assim, organizações independentes, como o *Brennan Center for Justice*, identificaram uma série de razões que consideram justificar a responsabilização de Trump.

De entre elas destacam-se a interferência política na ciência pública, envolvendo a politização dos testes, os ataques aos cientistas de saúde pública, as declarações falsas sobre a covid-19 e possíveis tratamentos, o gasto de dinheiro público em testes não aprovados cientificamente e a divulgação de teorias racistas e conspirativas.

A essas razões acrescem a nomeação de lideranças não qualificadas nem responsabilizáveis, a ausência de líderes com qualificações adequadas em postos governamentais chave para a resposta à pandemia, a inexperiência e falta de transparência, assim como a colocação do pessoal de saúde em risco.

O *Brennan Center* assinala ainda o nepotismo, os conflitos de interesses e outras questões éticas, como o favoritismo pessoal e a pequenas empresas, a excessiva ligação à indústria farmacêutica, o desrespeito pelas normas de contratos públicos, a busca de concessão de benefícios ao presidente e a governos estrangeiros e a colocação do nome do presidente nos cheques estímulo criados durante a pandemia. Finalmente, aponta-se o facto de Trump minar a independência e transparência do governo, atacando os inspectores gerais, fomentando longas controvérsias em torno de objectivo de políticas, suspendendo a aplicação de leis de protecção do ambiente e reforçando, a pretexto da doença, as restrições à emigração, sem qualquer racionalidade sanitária.

Em matéria de responsabilização continua a pairar no ar a controversa questão de instauração de ações contra a China, por iniciativa de outros Estados, organizações ou grupos de cidadãos. Este tema poderá conhecer desenvolvimentos nos próximos tempos, pese embora as muitas dificuldades relacionadas não só com a legislação reguladora das relações comerciais entre Estados como também na determinação dos concretos prejuízos sofridos. Na lógica dessas iniciativas estaria a responsabilidade da China por práticas perigosas, com elevado potencial de danos a terceiros, a que corresponderia um dever de compensar os que sofreram as consequências dessas práticas.

Como sustenta James Kraska[212], a China está sujeita à lei internacional sobre doenças infecciosas e, dentro dos

---

212 «China is Legally Responsible for covid-19 Damage and Claims Could be in the Trillions», *War on the Rocks, Texas National Security Review*, 23 de Março de 2020.

princípios da responsabilidade do Estado, tem a obrigação de proceder à reparação total. Porém, nem os tratados internacionais do século XIX nem o mais recente *International Health Regulations* (IHR), de 2005, contêm provisões concretas nesta matéria, o que poderá ser explicado pelas dúvidas surgidas quanto às responsabilidades reais de cada Estado e os riscos de utilização política do dever de reparação. Recorde-se que a devastadora pandemia de gripe de 1918/1919 foi provavelmente originada nos Estados Unidos, que seguramente não apreciariam ser responsabilizados.

No ambiente ainda muito instável de evolução da pandemia, as últimas notícias vieram da Índia e do Vietname, onde acaba de ser descoberta uma nova variante do Coronavírus, dotada de maior potencial de transmissão e cujas características são um misto das variantes inglesa e indiana. A Índia, que parecia figurar, entre os países menos desenvolvidos, como um dos mais aptos a reagir à doença e com melhores condições para acelerar a vacinação, aparece, agora, numa segunda fase, com números de infectados e mortos que a colocam à cabeça dos países em grande dificuldade.

O Governo da Índia, liderado por Narendra Modi, depois de ter reduzido o serviço público de saúde para um dos patamares mais baixos do mundo, parece partilhar a sobranceria e desprezo pela comunidade nacional identificados nos governos do Brasil e na anterior administração norte-americana.

Em Janeiro de 2021, no Fórum de Davos, o primeiro-ministro indiano fez um rasgado auto elogio pela forma como tinha salvo milhões de pessoas, assim contribuindo para um maior equilíbrio mundial.

Contudo, a confiança do Governo que, considerando-se vencedor do combate à pandemia, desleixou a construção dos hospitais que anunciara, assim como o fabrico de vacinas, veio a revelar-se excessiva. E a Índia, confrontada com o aparecimento de um nova estirpe, extremamente contagiosa, escancarou a sua incapacidade de resposta, com hospitais sem camas nem oxigénio e pedidos desesperados de ajuda.

De facto, o excesso de confiança levara ao quase total abandono das regras de confinamento e até do simples uso das máscaras, com uma acção muito forte de lobistas, particularmente da região de Goa, Estado que atravessou um processo eleitoral.

Embora o fortíssimo aparelho de censura quase inviabilize a divulgação de notícias no dia-a-dia, continuam a existir homens e mulheres de coragem que denunciam a realidade vivenciada no país. Entre eles destaca-se a escritora Arundhati Roy, que escreveu na edição do *The Guardian* de 28 de Abril de 2021[213]:

O sistema não entrou em colapso. O governo falhou. Talvez «falhar» seja uma palavra imprecisa, porque o que estamos a testemunhar não é negligência criminosa, mas sim um crime contra a humanidade. Os virologistas prevêem que o número de casos na Índia irá crescer exponencialmente para mais de 500.000 por dia. Prevêem a morte de muitas centenas de milhares de pessoas nos próximos meses, talvez mais. Os meus amigos e eu concordámos em telefonar uns aos outros todos os dias apenas para marcarmos presença. Falamos com aqueles que amamos em lágrimas, e com trepidação, sem saber se alguma vez nos voltaremos a ver. Escrevemos, trabalhamos, sem saber se vamos viver para terminar o que começámos. Não sabendo que horror e humilhação nos esperam. A indignidade de tudo isto. Isso é o que nos quebra.

O que se vem passando na Índia confronta-nos com o refluxo de um primeiro-ministro e de um governo que antes se tinham revelado capazes de desenvolver uma boa governação e com a trágica inflexão de um país que figurava entre os maiores produtores de vacinas do mundo.

---

[213] «"We are Witnessing a Crime Against Humanity": Arundhati Roy on India's Covid Catastrophe».

Depois de ter protagonizado uma resistência eficaz à primeira vaga da pandemia, o Governo de Narendra Modi abandonou toda a precaução, sacrificada a preocupações eleitorais e a uma surpreendente abdicação. Embora tenha imposto alguns dias de confinamento, o Governo continuou a actuar numa lógica de *business as usual*, acorrendo a manifestações eleitorais sem qualquer distanciamento ou uso de máscara. E, nesse contexto, autorizou a celebração de importantes festividades religiosas, que duram meses e atraem milhões de pessoas.

Deste lado do mundo, no velho continente, nesta mistura entre política e saúde que tem caracterizado todo este debate, reacendeu-se, no Reino Unido, a discussão sobre a gestão que o Governo fez da crise, com um fortíssimo ataque de Dominic Cummings, «Boris brain», — até há poucos meses um dos principais colaboradores do Primeiro-Ministro — que, perante o Parlamento, acusou Boris Johnson de impreparação para lidar com a crise e de ter tomado, na primeira fase, medidas erradas que provocaram milhares de mortes desnecessárias[214].

Cummings foi mesmo ao ponto de afirmar: "Quando a população, mais precisou de nós, nós falhámos. E gostaria de pedir desculpa às famílias de todos aqueles que morreram desnecessariamente devido aos erros cometidos e aos meus erros em particular".

---

[214] Para uma síntese, Sebastian Payne, «Detailed and Vitriolic: Dominic Cummings' most explosive claims», *Financial Times*, 27 de Maio de 2021.

CONCLUSÃO

A CAMINHO DE UMA NOVA SOCIEDADE?

Apesar das crises que se foram fazendo sentir em muitas sociedades, a imagem que retemos das últimas décadas é de um grande progresso tecnológico, de ostentação do luxo e de sinais de uma vida boa sem precedentes, nomeadamente pelo número de pessoas abrangidas.

Este horizonte e o predomínio de imagens de *beautiful people* espalhadas pelos *media* e pelas redes sociais, substituíram um debate importante sobre o caminho para que nos conduziria o nosso modo de vida, apagaram a imagem real da larga maioria das pessoas excluídas do mercado de prosperidade, remetendo para as margens do irrelevante o que se passava nos países em desenvolvimento, apenas objecto de notícia quando vitimados por trágicos acontecimentos de origem humana ou natural.

A surpresa com o aparecimento do covid-19 é também resultante da abertura das cortinas e da exibição da realidade, até aí escondida, de uma sociedade cuja existência preferíamos ignorar.

Mas, uma vez escancarado o espectáculo da miséria, da desigualdade, da incapacidade de reacção às dificuldades, da ausência de mecanismos de cooperação internacional, dos sistemas de saúde em falência, do poder do sector económico sobre a decisão política e a perda de força dos Estados democráticos, tornou-se necessário tomar medidas, sabendo que os primeiros tempos que iríamos enfrentar seriam penosos, incertos e difíceis de ultrapassar.

As dificuldades previsíveis agravaram-se, ainda mais, por força de um conjunto de eventos menos expectáveis, tal o aparecimentos dos movimentos negacionistas e a sua reação a toda a acção pública tendente ao controle da doença; os governos que se recusaram a combatê-la, desvalorizando-a; o desleixo com que em certos países o problema foi enfrentado; a multiplicação de estirpes com maior poder infeccioso; a guerra instalada entre as farmacêuticas e o poderes públicos instituídos; o desenvolvimento brutal das desigualdades e o crescimento da miséria.

Para além do sofrimento e angústia inerentes à doença, e das mortes, a interposição de dificuldades inesperadas impactou negativamente a resposta à pandemia, ao mesmo tempo que alimentou o desalento e o descrédito na nossa capacidade para debelar definitivamente a crise.

Mas outros factores, pelo contrário, vieram trazer motivos de esperança. O extraordinário progresso científico e tecnológico na área das vacinas; a alteração do pensamento económico dominante e a pelo menos, aparente crise do neoliberalismo; a crescente tendência para a criação de finanças mais sólidas e mais capazes de enfrentar estes problemas; a percepção de que é necessário que o sector público esteja preparado para crises deste e de outros tipos e disposto a combatê-los em conjunto; sobretudo, o aparecimento de novas formas de encarar as crises económicas e sanitárias conjugando público, privado e agentes individuais.

Pese embora a manutenção de terríveis conflitos armados — pano de fundo que dificulta a crença na mudança do modo como vivemos em sociedade — é evidente que a pandemia foi indutora da ponderação de formas alternativas de concepção das relações entre o Estado e os cidadãos e entre as várias comunidades de cidadãos e que o pensamento que emerge da crise convida a um modelo diferente de sociedade.

Pensando nesse novo modelo, não subsistem dúvidas quanto ao insubstituível papel do Estado, bem patente nas respostas sanitárias e sociais destinadas a assegurar a prestação dos adequados cuidados aos doentes e apoios a empresas e trabalhadores em dificuldades. Os cuidados com os idosos institucionalizados constituem outra prioridade que só com apoio do Estado é possível garantir em regime de universalidade. Os meios da escola pública, a criação de condições que inviabilizem quebras graves nas aprendizagens. A saúde, em geral e, em particular a saúde mental, que carecia já de uma atenção dedicada, face aos indicadores nacionais, a exigir agora um reforço de atenção, em decorrência dos efeitos da pandemia. A melhoria das condições de habitação e de trabalho, dignificando-as. O reforço do Estado prefigura-se como uma inevitabilidade, se queremos ter sociedades capacitadas para responder a esta e outras emergências. E o esbater das desigualdades, com a possibilidade de uma vida mais digna para todos, perfila-se hoje como um interesse comum, ainda que alimentado por motivos egoístas. A pandemia trouxe à luz os riscos de propagação de doenças associados a más condições de habitabilidade ou de trabalho...

É, no entanto, prematura qualquer previsão quanto às alterações que ocorrerão nas nossas sociedades, com influência no nosso modelo de vida em comum. Devemos ter uma consciência aguda de que, sendo esta uma oportunidade de mudança positiva, devemos agir para favorecer a sua concretização, já que a par de quantos quererão essa mudança, continuarão a perfilar-se os que estão dispostos a tudo para defender interesses egoístas, ainda que à custa de sacrifícios e da vida dos demais.

A nova sociedade a constituir, idealmente, não deve assentar num confronto permanente entre público e privado, mas antes num trabalho comum que aproveite aquilo que cada um sabe fazer melhor.

Reconhecendo, embora, a existência de um espaço de imprevisibilidade no que concerne às regras de vida do amanhã, identificam-se alguns sinais que justificam uma atitude de optimismo. Desde logo, em relação ao termo da crise pandémica. Martin Wolf, num artigo dos últimos dias de Maio de 2021, admite a possibilidade de a situação de pandemia se esgotar nos finais de 2022[215].

Em apoio dessa tese identificam-se medidas em execução, como o reforço do combate às alterações climatéricas, o reforço das finanças públicas e o combate à evasão fiscal, a redução de desigualdades e a melhoria da cobertura sanitária.

Mas, mais consistente ainda, parece ser o artigo da mesma data de Gillian Tett, no *Financial Times*, em que a autora comenta a euforia nas ruas de Washington, lembrando os loucos anos 20[216]:

> *E são diversos os jornais a transmitir o mesmo sentimento em diversas cidades, mas aquilo que é realmente mais importante é o sentimento transmitido em muitos inquéritos de institutos e think tanks de que a maioria dos cidadãos não quer o regresso aos tempos prévios à pandemia. O status quo só é defendido, por exemplo, por três por cento, enquanto que noutros países as respostas favoráveis a alterações profundas da economia andam entre metade e dois terços dos inquiridos.*
>
> *Finalmente, a população parece ter despertado para o preço altíssimo da desprotecção e desigualdade.*

---

[215] 26 de Maio de 2021. «Somos uma espécie estranha. Somos capazes de produzir maravilhas, mas depois não garantimos que cheguem a todos os que delas beneficiariam, mesmo que os custos sejam insignificantes em comparação com os ganhos para todos. A maravilha agora é a rápida chegada de vacinas eficazes contra a covid-19. A falha é garantir a produção e distribuição em escala suficiente. Na nossa loucura, estamos desperdiçando uma oportunidade gloriosa ».

[216] Gillian Tett, "A rebounding economy won't mean a return to the status quo", FT Magazine, 26 de Maio de 2021.

De tudo isso fomos dando conta, bem como daquilo em que seria necessário actuar com maior decisão. Naturalmente que a existência de uma governação global tornaria tudo muito mais fácil. A referência a governação global não se reconduz à ideia de um governo mundial, que seria impraticável, mas a uma acção comum dos Estados, organizações internacionais e organizações não estatais, juntando esforços para além das fronteiras nacionais para resolver problemas comuns.

Essa seria a contribuição decisiva para a mudança. Para que uma nova luz inundasse os nossos dias e as nossas vidas.

Mas sendo clara a inexistência de condições para atingir esse objetivo no curto e médio prazo, devemos aspirar à concretização da esperança de deixar de viver num mundo totalmente desregulado, construindo ou reconstruindo instrumentos que possam acabar com esse «mundo não regulado», para citar a feliz expressão de Stewart Patrick[217].

Stewart Patrick recorda, aliás, o entusiasmo de Barack Obama na campanha eleitoral de 2008, advogando o reforço das Nações Unidas, das organizações de Bretton Woods, da NATO, da Organização Mundial do Comércio e da Agência Internacional de Energia, sublinhando, no entanto, que pouco foi feito nesse sentido durante a sua presidência e o modo como as instâncias privadas e regionais tenderam a substituir essas instituições, que traduziam o poder público.

Com a crise e por causa dela, o reconhecimento da imprescindibilidade da intervenção do Estado, as lógicas de solidariedade que, mau grado todas as contrariedades, foram assumidas e incorporadas no discurso oficial das organizações internacionais e regionais relevantes, permitem-nos augurar o início de um caminho novo.

É este o momento de pensarmos e agirmos e, regressando ao início desta obra, perguntando o que podemos

---

[217] «The Unruled World. The Case for Good Enough Global Governance», *Foreign Affairs*, Janeiro/Fevereiro de 2014.

fazer pelo mundo, dando o melhor de nós, numa modesta contribuição para um mundo de mais justiça, mais solidariedade, maior equidade, menor indiferença e uma nova solidariedade.

Não se trata de repor o padrão de sociedade que nos conduziu à pandemia mas de criar um modelo em que todos se sintam protegidos.

Esta é a boa hora. Vamos juntar forças?